JN026999

金融機能による
社会的課題の解決

―人を幸せにするお金のあり方―

岩坂健志・唐木宏一 著

Solving
Social Issues
through
Financial Functions

Takeshi Iwasaka・Kouichi Karaki

東京 白桃書房 神田

はじめに

　まずは数ある金融関連の本の中から本書を手にとっていただきありがとうございます。本書の目的は「金融機能による社会的課題の解決」を我々と一緒に考えていただくところにあります。我々執筆者は，金融機能は最終的に人を幸せにするためにあると思っています。よって，副題にあるように「人を幸せにするお金のあり方」を考えていただくことでもあります。

　本書の執筆者は岩坂と唐木です。ともに金融を専門とする教員です。しかし，我々の出逢いは，社会問題をビジネスで解決しようとする社会企業家を応援するNPO活動にありました。世の中を良くしたいというこころざしを同じくする仲間です。そして，過去において，岩坂は保険会社の社員として投資業務（直接金融）にたずさわり，唐木は銀行員として融資業務（間接金融）にたずさわっていました。2人とも金融機能を通して社会的課題を解決したいと考えていますが，同じ金融でも専門分野が違っています。その相互補完のメリットを活かしてわかりやすく解説できないかと考えたことが本書誕生のきっかけとなっています。

1．本書の特徴

　本書の第1章で主に述べている通り，社会的課題は多岐にわたっており，また，環境問題のようにますます深刻化しているものも少なくありません。社会的課題の解決とお金（金融機能）は密接に結びついていることから，「社会的課題の解決のための金融機能」を扱った本はいくつも出版されています。しかし，それらは株式投資や融資など金融の一部分に限って解説した専門書のようなものばかりです。一方，本書の特徴は，先に述べたように異なる分野の金融の専門家がお互いを補完する形で，金融機能全般について社会的課題の解決との関係性を書いているところにあります。従来ある専門書に比べて専門性は低いかもしれませんが，社会的課題の背景やそれを生み出してきた歴史など総合的に読者にご理解をいただくように執筆しました。また，社会的課題や金融機能の知識がない初心者にもわかっていただけるようにして

あります。

2．本書の構成

　本書は5つの章で構成されています。第1章は「社会的課題と金融機能」です。ここでは，世界の貧困問題と環境問題，及び日本の全般的な社会的課題について解説しています。まずは現代の社会的課題についてご理解ください。次にお金の歴史を含めて金融機能について解説しています。本書のテーマである社会的課題と金融機能の基本的な事柄をご理解いただくことにより，本書を読むスタート台に立っていただきます。

　第2章は「企業の社会的責任と金融機能」です。我々の個人生活ばかりでなく，世界的な経済活動においても，会社（企業）はなくてはならない存在です。そして金融機能と最も密接に結びついているのも会社です。また，社会的課題の解決には会社に本業を通して活躍してもらわなければいけません。会社の役割を解説して，社会的課題の解決のための金融機能には会社に対するものとしてどのような方法があるかを紹介しています。

　第3章は「課題解決に取り組む主体の広がりと支える金融機能」です。社会的課題の解決のためには，政府や，第2章の企業ばかりでなく，個人や地域コミュニティーも大きな役割を持っています。近年の金融のあり方の変化から，特に個人や地域コミュニティーはこれから一層重要な役割を果たすと考えられています。金融の基本的な考え方からクラウドファンディングについて解説します。

　第4章は「最新の金融テクノロジーと社会的課題の解釈」です。最新の金融テクノロジーは金融機能に劇的な変化をもたらしています。そして，これを有効に活用することは金融機能による社会的課題の解決に大きな利点があります。暗号通貨を含めて，最新の金融機能とその実践事例，及び，これらの日本の近未来社会での有効活用について解説します。

　第5章は「金融機能を補完する社会のあり方」です。まずは金融機能の最終目的である人々の幸福について述べてあります。そして，お金（金融機能）は人類最大の発明の1つです。しかし，世の中はすべてがお金で回っているわけではありません。金融機能を使って社会的課題を解決しようと思っても，

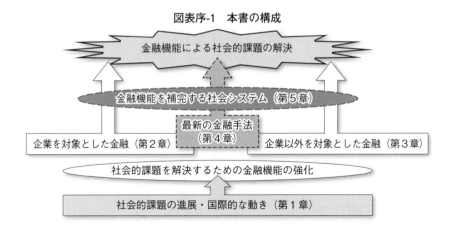

図表序-1　本書の構成

お金に依存しない社会システムや考え方と一緒にならなければ効果が上がりません。先人の知恵から始まり，発展途上国で展開されているBOPビジネスのように金融機能が未整備な世界での人々の知恵について考えています（図表序-1参照）。

3．本書の読み方

　本書の構成を示す図表序-1にあるように，第1章から順番に読んでいただけると全体像がわかるようになっています。しかし，各章は相互に関連しながらも独立しているので，興味がある章から読んでいただいてもかまいません。

　各章においてはまずは本文を読んでいただき，章の最後に重要事項や，今後皆様にも一緒に考えていただきたい事柄を箇条書きにしてあります。これについても，最初に章末の箇条書きを読んでいただいてから詳しく本文に移っていただいてもかまいません。

　参考文献については，引用した文献は本文の中に記述をしてあります。次に各章ごとに引用した文献も含めて関連する参考文献を載せてあります。本書を読んで皆様がもっと勉強してみたいと思った事柄の助けにしていただければ幸いです。

目　次

はじめに …… i

第1章　社会的課題と金融機能 1

1-1　いま世界で何が起きているのか？ 2

1-1-1　持続可能性とは …… 2

1-1-2　環境問題 …… 3

1-1-3　貧困問題 …… 16

1-1-4　世界的な課題とグローバルリスク …… 20

1-1-5　日本における社会的課題 …… 24

1-2　社会的課題を解決する動き 31

1-2-1　SDGsとは …… 31

1-2-2　SDGsと金融機能のかかわり …… 35

1-3　金融の役割とは 38

1-3-1　お金の歴史 …… 38

1-3-2　金融機能とは …… 40

●この章の重要ポイント 44

第2章　企業の社会的責任と金融機能 48

2-1　会社とは 49

2-1-1　人類最大の発明の1つである株式会社 …… 49

2-1-2　会社の大きな影響力 …… 51

2-1-3　会社の存在意義 …… 54

2-2　企業の社会的責任 59

2-2-1　企業の社会的責任の定義 …… 59

2-2-2　ステークホルダーとの共存共栄 …… 59

2-2-3　企業の社会的責任として守るべき各責任 ……60

2-2-4　求められるノブレス・オブリージュ ……64

2-2-5　国際標準化機構（ISO）における組織の社会的責任 ……65

2-2-6　企業の社会的責任の具体的な評価項目 ……66

2-3　投資家の役割 ……………………………………………………………… 67

2-3-1　会社のライフサイクルと金融機能 ……68

2-3-2　インベストメント・チェーン ……69

2-4　社会的課題を解決するための企業への金融機能 ……………………… 70

2-4-1　株式投資 ……70

2-4-2　社会的課題の解決をビジネスチャンスとする企業経営の進展 ……82

2-4-3　債券投資 ……85

2-4-4　融資 ……88

2-5　時代の変化とこれからの企業向け金融 …………………………………… 94

●この章の重要ポイント …………………………………………………………… 97

第3章　課題解決に取り組む主体の広がりと支える金融機能　101

3-1　地域社会の主役たち（政府に加えて市民，さらに企業） ……… 102

3-1-1　主役となるものの変化 ……102

3-1-2　3セクター論 ……106

3-1-3　金融（与信）の機能 ……110

3-1-4　資金供給の方法 ……114

3-2　市民（互酬）メカニズムの活用 ……………………………………… 119

3-2-1　クラウドファンディングの全体像 ……119

3-2-2　寄付型クラウドファンディング ……121

3-2-3　購入型クラウドファンディング ……123

3-3　市場メカニズムの活用 …………………………………………………… 126

3-3-1　融資型クラウドファンディング ……126

3-3-2　投資型クラウドファンディング ……128

3-4 金融（市場メカニズム）活用の前提 ················ 131

    3-4-1　旧来の金融と新たなあり方 ……131

    3-4-2　金融（与信）の前提 ……134

    3-4-3　資金の受け手と出し手，改善努力の方向 ……135

3-5 総括 ··· 138

    ●この章の重要ポイント ······························ 140

第4章　最新の金融テクノロジーと社会的課題の解決　143

4-1 ITと金融（フィンテックの登場とその背景,それが可能にするもの） … 143

    4-1-1　金融デジタライゼーション ……143

    4-1-2　金融サービスの4領域 ……144

    4-1-3　アンバンドリング，リバンドリング ……148

4-2 フィンテックの様々な展開 ·························· 149

    4-2-1　送金・決済 ……149

    4-2-2　貯蓄・運用 ……154

    4-2-3　貸出・与信 ……155

    4-2-4　保険 ……156

4-3 暗号通貨とその応用 ······························· 157

    4-3-1　電子通貨と暗号通貨 ……157

    4-3-2　元帳とブロックチェーン ……160

    4-3-3　ブロックチェーンのデメリットとメリット，その活用 ……… 162

    4-3-4　暗号通貨の将来 ……163

4-4 日本における可能性（人口減少社会と金融サービス） ·········· 166

    4-4-1　日本社会の構造的変化 ……166

    4-4-2　金融ジェロントロジー ……169

4-5 金融新技術と課題解決，参照するべき考え方 ·············· 171

    ●この章の重要ポイント ······························ 173

第5章　金融機能を補完する社会のあり方

5-1　幸福を考える ……… 177

5-1-1　先人が語る幸福 ……177

5-1-2　幸福をあらわす社会指標 ……180

5-2　ソーシャル・キャピタル ……… 183

5-2-1　ソーシャル・キャピタルとは ……183

5-2-2　ソーシャル・キャピタルの影響と金融機能へのかかわり ……185

5-2-3　ソーシャル・キャピタルの負の側面 ……188

5-3　持続可能な社会への先人の知恵 ……… 191

5-3-1　持続可能な社会であった石器・縄文時代 ……191

5-3-2　伝統的な贈与経済 ……199

5-3-3　日本の贈与経済と農村部における協働 ……201

5-4　BOPビジネス ……… 204

5-4-1　BOPビジネスとは ……204

5-4-2　BOPビジネスの成功要因 ……205

5-5　金融機能を補完する社会のあり方（まとめ） ……… 211

● この章の重要ポイント ……… 214

索引 ……218

第1章

社会的課題と金融機能

　本書のテーマは「金融機能を使っていかに社会的課題の解決に結び付けていくかを考える」ことにあります。そして，この社会的課題の解決の目的は「持続可能な社会を構築し人々を幸せにする」ことにあります。

　この章では，最初に，現代における社会的課題を概観します。まずは世界的な課題です。もちろん世界には様々な課題があります。その中で現代では「環境問題」と「貧困問題」が極めて重要なので，それを取り上げます。環境問題は日本も例外ではないので日本の環境問題の状況も世界的課題の記述に含めます。そして，貧困問題は発展途上国における絶対的貧困を取り上げます。

　日本にも考えなければならない重要な社会的課題があります。日本が直面する社会的課題として，環境問題を除く諸課題について記述します。また，「少子高齢化」と「子どもの貧困」は日本における重要課題です。子どもの貧困は発展途上国における絶対的貧困とは異なりますが，格差社会を象徴する相対的貧困の問題です。

　次に，社会的課題を解決する動きを見ていきます。政府，NGOを中心とした非営利団体，企業，学校など，様々な組織が社会的課題の解決に取り組んでいます。すべてを述べることはとてもできないので，社会的課題の解決において，現在，世界的に最も重要視されている持続可能な開発目標（Sustainable Development Goals, SDGs）を解説します。

最後に，この本においての理解を進めていただくために，金融機能とはどのようなものかを再確認していきます。

1-1　いま世界で何が起きているのか?

1-1-1　持続可能性とは

　日本における縄文時代は今から約1万5,000年前から始まり，その後1万年以上続いたと言われています。技術的には現代に比べたらはるかに遅れていました。現代人にとっては極めて不便な社会だったかもしれません。しかし，人々は自然と共生し幸せに生きていたと考えられています。縄文遺跡から発掘された遺物を見ると，人々は山の幸や海の幸に恵まれて豊かな食生活をおくっていたことが確認されています。縄文の人々は非文化的であったと考えられていたことも見直されました。かつて，日本の浮世絵が海外で最初に評価されたことにより，日本の美が再認識されたことは有名な話です。同じく縄文時代の土器や土偶も最初は海外で美的価値が認められ，今では日本国内で認められるようになりました。1995年に縄文のビーナスと呼ばれる土偶が最初に国宝に指定されたことをきっかけに，現在では土偶5体が指定されています。また，戦後最大の日本の芸術家の1人である岡本太郎は人々がかえりみないころから縄文の美の価値を認めていました。彼が絶賛した火焔型土器も国宝に指定されています。縄文時代が長く続いたのは，日本の豊かな自然の恵みがあったことは事実です。また，時代が1万年以上続いたということは，その間，人々がすべて絶えてしまうような自然破壊，疫病，争いごともなかったためだと思われます。また，人類は移動の歴史で発展したことも事実ですので，本当に不幸せならどこかへ移動してしまったはずでしょう。社会が1万年以上続いたということは，その当時の人々が明確に意識したか否かにかかわらず**1万年以上続いても人々が幸せに生きていく知恵やライフスタイルを持っていた**ことになります。このことは欲望の限度や資源の使い方を知り自然と共生しながら生きることだったと思います。自然崇拝（アニミ

ズム）をベースとする日本の神道は縄文時代からの思想のなごりだと言う人がいますが，きっと人々は自然に感謝しながら生きていたことでしょう。どこかで困っている人がいればお互いできる範囲で助け合ったでしょうし，人同士で争うことがあっても何らかの形で最終的には共生する知恵があったと思われます。文化庁によりますと日本には9万以上の縄文遺跡があるのですが，殺された人の骨は20数体しか出てきていません。一方，弥生時代に入ると殺害された人の骨が多く出土していることから，縄文時代はとても争いが少なかったと考えられています。わが日本においてこのような平和で長続きした社会があったことは誇るべきとだと思います。

このように人々がいつまでも幸せに生きていくことが可能な状態を**持続可能性（Sustainability）がある**，と言います。もともとは水産資源を枯渇させることなく維持するという意味で，国際関係機関で使われていた言葉です。今は地球全体の持続可能性を指す意味で広く使われています。この持続可能性を維持しながら人々が発展していくことを**持続可能な開発（Sustainable Development）**と言います。**持続可能な社会の実現**という言葉もよく使われます。国連（環境と開発に関する世界委員会）が1987年に発表した『Our Common Future（邦題：我ら共有の未来）』では，持続可能な開発のことを「将来の世代の欲求を満たしつつ，現在の世代の欲求も満足させるような開発」と定義しています。この章では「持続可能な開発目標（Sustainable Development Goals, SDGs）」を詳しく述べますが，持続可能性の維持と持続可能な社会の実現は現代社会の最大の課題となっています。

この持続可能性を脅かす最も重要な課題として，本章では次に「環境問題」と「貧困問題」を取り上げます。環境問題は生き物としての人類の持続可能性を根本的に奪います。貧困問題は持続可能な開発目標において，今後の持続可能性を維持するための最も重要な課題とされています。

1-1-2 環境問題
【地球温暖化と自然災害】
長い人類の歴史の中で，人々は様々な困難を経験しています。自然がもともと持つ驚異としての大きな自然災害を何度となく経験しています。疫病に

よって大量に死者を出しています。飢饉によって餓死者を出すことも珍しくありませんでした。人々は戦争も繰り返してきました。現代でもテロや内戦など争いが絶えません。

　しかし，**現代の環境問題は「人為的に引き起こされた問題」であること「地球規模であること」そして手遅れになると「もう後戻りができない」という点で極めて重要な課題です。**人類の過去の歴史では経験していない状況が生み出されつつあり，そして，我々の未来を取り返しがつかない形で奪い去っていく可能性が極めて高い課題です。日本もその例外ではありません。環境問題については，官民一体となりその対策が叫ばれています。概略についてはすでにご存じの方が多いと思います。

　環境問題は，**地球温暖化**とそれに伴う**気候変動**が最も恐れられています。地球温暖化は産業革命から始まったエネルギーの大量消費が原因です。産業革命は18世紀半ばにイギリスから始まりました。最大の功績はジェイムス・ワットによる蒸気機関の実用化ですが，それに先行して，当時の重要な産業を支える紡績技術や製鉄技術が発展していました。紡績・製鉄技術が蒸気機関による動力源を得ることによって，まさに革命的に産業を発展させました。また，動力源を得たことにより交通網が整備されました。できた製品を消費者に届ける物流が発達したわけです。近代工業化社会の幕開けになった産業革命は，人々の幸せに大きく貢献したことは間違いありません。我々日本人も大きな恩恵を受けています。

　この産業革命をきっかけにして，人々は「化石燃料」を本格的に利用することを始めました。化石燃料とは石炭，石油，天然ガスなどのことですが，いずれも太古の生物がためたエネルギーがその死とともに地中に埋蔵されているものです。産業革命の初期段階では動力の燃料として薪が使われていましたが，たちまち森林が破壊され石炭が利用されるようになりました。その後石炭から石油へ，そして現代では天然ガスも多く利用されています。化石燃料には炭素が多く含まれています。その炭素を燃焼することによってエネルギーを得ますが，炭素は二酸化炭素となって大気中に放出されます。二酸化炭素は温室効果ガスであり，本来地上から放出されるべき熱を大気中にためてしまいます。それが環境問題の最も大きな課題である地球温暖化を招いて

います。私の友人は，「化石燃料を利用することは太古の生物のお墓をあばくことと同じだ」と言っていました。まさに，その通りです。かつての盗賊と同じで人類は墓荒らしをすることで豊かさを手に入れたのかもしれません。また，この地球温暖化ばかりでなく近代工業によって自然資源が大量に使われています。これには水の使用も含まれます。地球を1つの巨大な生命体とみなすガイヤ理論というのがあります。最近の研究によると，我々人間は約37兆個の細胞のハーモニーの上に成り立っていますが，この個々の細胞は本来別な生物の集合体であるとも言われています。そして細胞の中で暴走してやがて死に至らしめるのがガン細胞です。これと同じように，地球という生命体において，我々人類は，まるでガン細胞のように自分勝手にふるまい環境問題を引き起こしているのかもしれません。

　産業革命以降，環境問題については様々な警鐘がならされてきたはずです。しかし，人々は工業化社会の恩恵を受けることを優先し，長い間世界的な論議にはなりませんでした。環境問題は日本でもそうでしたが，まずは自然破壊と公害問題が議論されました。その後，現代的課題である地球温暖化と自然資源の枯渇に議論の中心が移っています。第二次世界大戦が終わり，世の中が落ち着いた1948年に国際的な自然保護団体である国際自然保護連合が設立されました。1962年にアメリカの生物学者であるレイチェル・カーソンは『沈黙の春』を発表し，その当時万能の農薬としてもてはやされていたDDTの使い過ぎに警鐘を鳴らしました。1972年にはスイスのシンクタンクであるローマ・クラブが『成長の限界』を発表しました。これはこのまま経済成長を続けると地球資源に限界が来ることを予言したものです。同じころ，ドイツ人でありながら英国で活躍した経済学者のシューマッハーがいます。彼は英国石炭公社につとめた経験から化石燃料を使用することの限界を予言し，仏教経済学と呼ばれる自然と共生する経済を主張しました。それは彼の著書である『スモール　イズ　ビューティフル』で広く知れ渡りました。その後，すでに述べた「持続可能な開発」の概念を中心に据えた「Our Common Future（我ら共有の未来）」が1987年に発表されました。1992年にはリオ・サミットよばれる「国連環境開発会議」が開催されました。ここで，国境を越えて環境問題に取り組む行動計画である**アジェンダ21**が採択され，環境

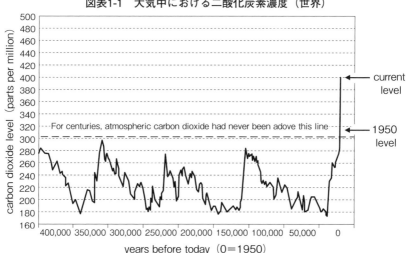

図表1-1　大気中における二酸化炭素濃度（世界）

出所：アメリカ航空宇宙局（NASA）"Global Climate Change"。

問題が世界的な課題であることが共通認識となりました。多くの環境関係者がこの出来事をもって環境元年と言っています。1997年にはCOP3（国連気候変動枠組条約締約国会議，第3回）で**京都議定書**が締結され，各国の温室効果ガスの削減目標が明示されました。また，温室効果ガス削減のために二酸化炭素をベースにその排出量を取引する**排出権取引**の概念が一気に広まりました。その後，2015年にCOP21がパリで開催され，2020年以降の温室効果ガス排出削減のための新たな国際的な枠組みが，**パリ協定**として決定されています。

　図表1-1をご覧ください。これはアメリカ航空宇宙局（National Aeronautics and Space Administration, NASA）の資料ですが，過去からの大気中における二酸化炭素濃度を示したものです。過去約40万年間を見た場合には，大気中の二酸化炭素濃度は自然に増減を繰り返していますが，1950年に過去最高であった300ppm（体積比で大気中に二酸化炭素が100万分の300含まれているということです）を超え，現在は400ppmになっていることを示しています。しかもそのうえ昇率は尋常ではなく，明らかに産業革命後，人為的なも

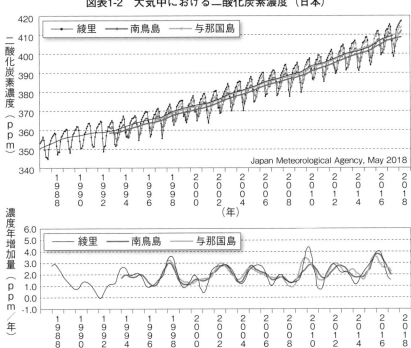

図表1-2　大気中における二酸化炭素濃度（日本）

出所：気象庁ホームページ。

のによる二酸化炭素濃度の上昇となっています。図表1-2は日本における大気中の二酸化炭素濃度です。気象庁の二酸化炭素濃度の観測地点は，岩手県の綾里，東京都の南鳥島，沖縄県の与那国島，そして南極の昭和基地にありますが，日本の領土ではない昭和基地のデータを除いたものです。これは30年間の推移を示していますが，1988年には約350ppmだったものが2018年には410ppmと17％も増加しています。

　二酸化炭素濃度の上昇に伴って，世界の気温が上昇しています。これが環境問題で最も重要なことです。図表1-3，図表1-4はいずれも気象庁のデータですが，年によってばらつきはあるものの，明らかに世界的にも日本においても平均気温が上昇しています。

　2018年7月に発表された気象庁の気候変動監視レポート2017年によると，

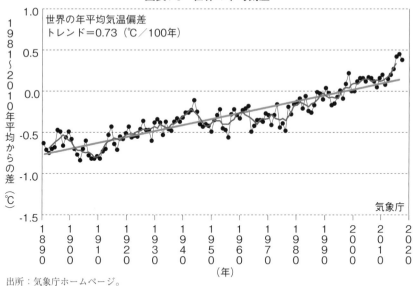

図表1-3　世界の平均気温

世界の年平均気温偏差
トレンド＝0.73（℃／100年）

気象庁

出所：気象庁ホームページ。

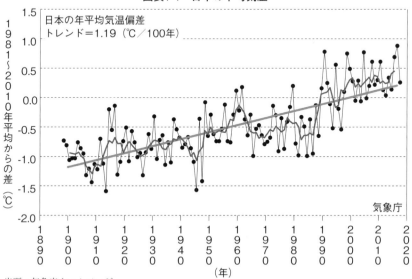

図表1-4　日本の平均気温

日本の年平均気温偏差
トレンド＝1.19（℃／100年）

気象庁

出所：気象庁ホームページ。

2017年の世界の平均気温は1891年の統計開始以降で3番目に高い値になり，100年当たり0.73℃の割合で上昇しています。同じく日本は1898年以降で14番目に高い値であり，100年当たり1.19℃の割合で上昇していると報告されています。

　地球の温暖化は世界全体の気温が単純に上昇するだけではありません。温暖化によって大気中にエネルギーがたまることにより様々な気候変動をもたらします。今まででは考えられないような気候変動が起こることになります。2004年に「デイ・アフター・トゥモロー」という映画が公開されています。それは地球温暖化によって南極大陸の氷が溶け海流の変化が生じ，それによって引き起こされた寒気によってニューヨークが一瞬にして凍り付くといった内容でした。もちろん映画なのでかなり大げさに描かれていますが，荒唐無稽なことではなく理論的にはあり得ることです。アメリカの経済学者であるノードハウスが最初に警告しましたが，産業革命後平均気温が2℃以上上昇すると，もう人類はこの温暖化に手の施しようがないと言われています。2015年のパリ協定（COP21）では，世界共通の長期目標として産業革命前からの地球平均気温上昇を2℃より十分下方に保持することが決められています。

　1988年に設立された組織に，**気候変動に関する政府間パネル**（Intergovernmental Panel on Climate Change, **IPCC**）があります。世界中の科学者が協力して，人為的に引き起こされている気候変動とその影響や対策を，科学的，技術的，社会経済的な観点から評価しています。数年ごとに評価報告書を作成しており，環境問題における各国の政策決定に重要な影響力を持っています。2007年にはその功績が認められ，同じく環境問題に対して貢献したゴア元アメリカ副大統領とともにノーベル平和賞を受賞しています。2015年に発表されたIPCCの第5次評価報告書は，このまま気温が上昇を続けた場合のリスクを，大きく次のように示しています。

- 高潮や沿岸部の洪水，海面上昇による健康障害や生計崩壊のリスク
- 大都市部への内水氾濫による人々の健康障害や生計崩壊のリスク
- 極端な気象現象によるインフラ機能停止
- 熱波による死亡や疾病

- 気温上昇や干ばつによる食料不足や食料安全保障の問題
- 水資源不足と農業生産減少
- 陸域や淡水の生態系，生物多様性がもたらす，様々なサービスの損失
- 同じく海域の生態系，生物多様性への影響

　このリスクはすでに現実のものとなっています。図表1-5はドイツの再保険会社であるミュンヘン再保険会社の資料ですが，自然災害の発生が年々増加していることを示しています。なお，再保険とは保険会社が自分で引き受けた保険を他の保険会社に引き受けてもらうことです。地震だとか大火事のよ

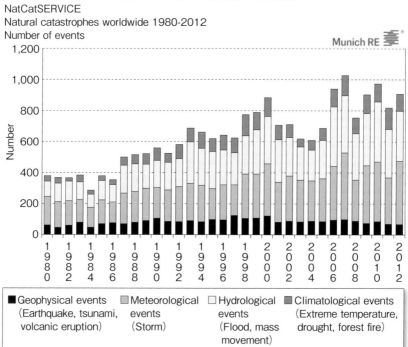

図表1-5　世界の自然災害の発生件数

©2013 Münchener Rückversicherungs-Gesellschaft, Geo Risks Research, NatCatSERVICE – As at January 2013.

出所：ミュンヘン再保険会社。

うに一度に大きな災害があるとその保険会社だけでは支払いきれず下手をすれば保険会社が潰れてしまう可能性があります。それを防止して保険会社の健全性を保つことを目的としています。また，同社の2018年1月のプレスリリースによれば，2017年はアメリカをおそった巨大ハリケーンの影響により，世界の自然災害による損害額は2011年の東日本大震災に次いで2番目となり，保険損害額については過去最高なったことを報じています。

　日本も例外ではありません。国土交通省によると平成29年度（2017年度）の土砂災害発生件数は全国で1,514件発生し，死者・行方不明者24名，負傷者8名，人家被害701戸と過去10年で最大の被害を記録していました。ところが2018年に発生した「平成30年7月豪雨（西日本豪雨）」では6月28日〜7月8日のわずか11日間で，死者・行方不明者245名，負傷者433名，住家被害23,699戸（2019年1月9日現在）の大災害となりました。被害総額は2019年9月25日時点で1兆940億円と推計されており，これは単独の豪雨災害としては史上最大のものでした。しかし，2019年の令和に入って，これを大きく上回る甚大な被害が発生しました。2019年10月12日に日本に上陸した「令和元年台風第19号」です。この台風は，各地で観測史上最大の雨量や風速が計測され，堤防決壊は71河川128カ所，死者・行方不明者102名，負傷者380名，全壊3,225戸を含めた建物の被害は106,223戸（2020年1月10日現在）となりました。気象庁は台風が非常に強い勢力であったことから事前に最大級の注意や避難を強く呼びかけていました。しかし，それにもかかわらず被害は大きなものとなりました。被害総額はまだ推定されていませんが，過去最悪の「平成30年7月豪雨」の記録をたった1年で塗り替えることになりそうです。

【自然破壊と資源の枯渇】

　環境問題で深刻なもう一つの側面は自然破壊と資源の枯渇にあります。地球上の生物は約3,000万種と言われています。そして我々も含めて地球上の生物は，互いに結びついてバランスを保っています。食物連鎖がその好例です。それが生態系サービスとして様々な恩恵をもたらしています。このような種の多様さや，それらが人々の暮らしにもたらす恵みを**生物多様性**と呼ん

でいます。また，国際自然保護連合（International Union for Conservation of Nature and Natural Resources, IUCN）によれば，生物多様性の経済的価値は33兆ドル（約3,300兆円）と試算されています。しかし，世界自然保護基金（World Wide Fund For Nature, WWF）の『生きている地球レポート2016』によれば，1970年から2012年までに脊椎動物の個体数が58％減少，陸上に住む生物の個体数は38％の減少，淡水に住む生物の個体数は81％の減少，海洋生物の個体数は36％減少したと報告されています。これらの最大の原因は生息地の消失と劣化にあり，その他の要因として，水産資源に代表される人類による野生生物の過剰利用，環境の汚染，外来種と病気，気候変動をあげています。

　我々人類がいかに自然資源を過剰に利用しているかを知るためには，**エコロジカル・フットプリント**がわかりやすいと思います。私たちが地球資源を消費した場合，それが元に戻るには地球の自然な回復力に頼るしかありません。例えば，二酸化炭素を排出した場合，森林が吸収して光合成で酸素をだしてくれます。魚を捕ったなら自然に漁業資源が元に戻ることを待つしかありません。人類が消費した自然資源を回復するのに必要な地球の面積を出したものをエコロジカル・フットプリントと言います。グローバル・フットプリント・ネットワークが算出した数字を使ったWWFの報告によりますと，現在の世界の人を支えるには地球1.7個分を必要としています。7ヶ月で地球1年分の資源を使っています。日本は環境には厳しい国です。しかし，先進国であり資源消費を大きく行っています。日本のエコロジカル・フットプリントは5gha／人であり世界平均2.9gha／人の1.7倍の資源を消費しています。gha／人とはエコロジカル・フットプリントでいう1人当たりに必要な面積をあらわしています。世界中の人々が日本人と同じ生活をしたならば地球2.9個を必要としていますし，日本が今の生活を自国だけで賄おうとした場合，日本が7.1個必要だとしています（図表1-6）。また，世界で最も贅沢な暮らしをしているのはアメリカ人とよく言われます。世界中の人々がアメリカ人と同じ生活をするならば地球は5個必要です。発展途上国の人々は当然豊かさ・便利さを求めます。またそうなるべきです。しかし，先進国の人々の暮らしを支えるだけで，すでに全体では地球の能力の限界を超えてしまっている現状が

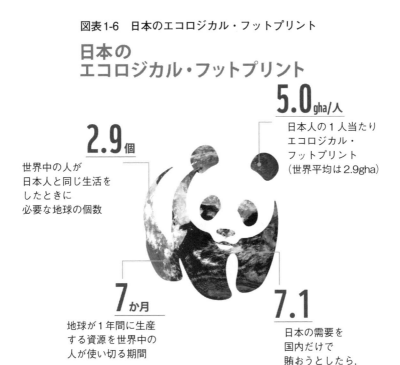

図表1-6　日本のエコロジカル・フットプリント

日本の
エコロジカル・フットプリント

5.0gha/人

日本人の１人当たり
エコロジカル・
フットプリント
（世界平均は2.9gha）

2.9個

世界中の人が
日本人と同じ生活を
したときに
必要な地球の個数

7か月

地球が１年間に生産
する資源を世界中の
人が使い切る期間

7.1

日本の需要を
国内だけで
賄おうとしたら，
必要な日本の数

出所：WWFジャパン「日本のエコロジカル・フットプリント2017最新版」。

あります。これでは，地球環境の面から見ると発展途上国の人々がこれから
発展することなどとうていできないことになります。

　東京大学名誉教授の山本良一が『一秒の世界２』という本を出しています。
環境の本です。同じタイトルの本の続編ですが地球上で１秒間にどんなこと
が起きているかをわかりやすく説明しています。出版が2008年なのでデータ
としては古いのですが，以下の通り，すさまじい勢いで資源消費と環境破壊
が進んでいることが実感できると思います。

- １秒間に，888トンの二酸化炭素が排出されています。
- １秒間に，かつてシルクロードのオアシスだったアラル海が畳22枚分，35m^2
ずつ縮小しています。

- 1秒間に，北極圏で夏の海氷面積がテニスコート9面分，2,500m^{2}ずつ小さくなっています。
- 1秒間に，アマゾンから駐車スペース66台分，984m^{2}の森が失われています。
- 1秒間に，13kmのトイレットペーパーが日本で生産されています。
- 1秒間に，地球上でドラム缶940缶分，15万klの石油が生産されています。
- 1秒間に，世界で25mプール325杯分，12万7,000トンの淡水が使われています。
- 1秒間に，日本の海岸に22kgのゴミが流れ着いています。
- 1秒間に，おにぎり8,600個分，688kgの食品が日本で食べ残されて生ゴミとなっています。
- 1秒間に，穀物や野菜を育てるために，世界中で5.1トンの肥料が使われています。
- 1秒間に，グレートバリアリーフの珊瑚礁が畳60畳分，116m^{2}壊滅しています。

そして，1秒間に，都市人口が2.5人増加しています。

外部不経済という概念があります。**外部不経済**とは市場を通じて行われる経済活動の外側で発生する不利益が，個人，企業に悪い効果を与えることを言います。経済学では国の生産力を示すGDPと，それを支えるお金の供給量であるマネーサプライの関係の適切性をあらわす「マーシャルのk」という重要な概念がありますが，それを言い出したことで有名なイギリスの経済学者マーシャルが用いた言葉です。外部不経済の代表的な例としては公害問題がありますが，現在では環境破壊という意味で注目されています。例えば金鉱石1トンから金はわずか指輪1つ分の5gしか取れません。別な言い方をすれば，金を得るために，重量ベースではその20万倍もの環境を破壊しています。確かに金は高価ですが，残念ながらこの環境破壊を完全に元に戻す費用は含まれていません。むしろ公害などの公共の利益に反する場合以外，外部不経済はタダであると考えられてきました。しかし，現在の環境問題に対応するために，なるだけこの環境破壊を元に戻す費用を製品に転嫁して環境

を守っていこうという考え方が出ています。それを外部不経済の内部化と呼んでいます。環境破壊を守るためにこの**外部不経済の内部化**は必要です。一方，外部不経済を製品価格に織り込むことによって製品の原価は大きく高騰します。その結果現在の企業利益の50%に影響があるとも言われています。

【水問題】

環境問題の最後に，水をめぐる問題について述べたいと思います。

人間の体は，成人の場合，その体重の3分の2，すなわち65%が水で成り立っています。そしてその水は体の中を絶えず循環しており，成人で1日2～3ℓの水を必要としています。人は，たとえ食べ物がなくても水だけあれば2～3週間生きることができますが，水を一滴も取らないと4～5日で死に至ると言われています。死に至らない場合でも，水が体重の6%不足すると頭痛や脱力感にみまわれ，10%不足すると筋肉の痙攣や循環不全を起こします。

世界最初の宇宙飛行士であるガガーリンは，宇宙から見た「地球は青かった」という言葉で有名です。地球は確かに宇宙から見ると水の惑星です。しかし，実際，我々人類が使える水は豊富ではありません。確かに地球の表面は水で覆われており，14億km³の水があります。残念ながら，そのほとんどが海水であり，淡水はその2.5%だけなのです。さらにこの淡水には北極や南極で氷や氷河として存在するものがあり，また，利用不可能な地下水も含まれます。これらを差し引くと我々人類が利用できる水は地球全体の水のわずか0.01%（10万km³）にすぎません。

世界保健機関（World Health Organization, WHO）によれば，世界人口の11%に当たる8億4,400万人が水の基本的サービス（これは近代的な飲料水供給源から往復30分以内で水をくむことができると定義されています）さえも受けておらず，その中の1億5,900万人は地表の河川水をそのまま利用しています。また，少なくとも20億人が糞便で汚染された水源の飲料水を利用しており，汚染された飲料水により毎年50万2,000人以上が下痢性疾患を起こし死亡しています。加えて，2025年までに世界人口の半分が水資源の逼迫する地域に住むことが予測されています。国際連合の「世界人口予測2017年改訂

版」によれば，世界人口は2030年に86億人，2050年に98億人，そして2100年には112億人になると予測されています。このままの水事情が変わらないのであれば，今後ますます逼迫の度合が高まり，水をめぐる争いも激化すると考えます。

　日本は水の豊かな国です。しかし，世界の水不足に悪影響を与えていないかというとそうではありません。バーチャルウォーター（仮想投入水）という概念があります。**バーチャルウォーター**とは，食料を輸入している国（消費国）において，仮にその食料を生産したらどれくらい水が必要かを計算したものです。例えば小麦なら1kg収穫するのに水が2トン必要です。同様にトウモロコシは1kgで1.9トン，牛肉にいたっては1kgで20.6トンの水が必要です。日本はカロリーベースで食料の40%を輸入にたよっています。この計算によると，日本は年間800億立方メートルの水を輸入していることになります。これは日本の年間の水使用量に匹敵します。日本は食料を輸入することによって，全体として自ら使う水の2倍を使用していることになります。外食の定番に牛丼がありますが，牛丼1杯を作るのに1.3トン程度の水が使われていることになります。これは家庭用浴槽の6杯分の水量に相当します。自分の家のお風呂の水はもったいないと思っても，牛丼を食べることには何も抵抗を感じていないと思います。我々の生活がこのように世界中の水を大量に使用することによって成り立っていることを再認識すべきだと思います。

1-1-3　貧困問題
【絶対的貧困】

　環境問題とならんで現代社会で最も重要な課題は**貧困問題**です。貧困にはその所得レベルが世界的に見て絶対的に低い**絶対的貧困**と，主に同一国内での比較ですが，所得レベルがその平均値とどのくらい格差があるかによって決定される**相対的貧困**があります。ここでは絶対的貧困を取り上げます。一方，後述するように，日本国内の課題には，格差社会の広がりに伴う相対的貧困があります。

　世界銀行（World Bank）では，2015年に国際的な貧困ラインを1日の収入レベルを2011年の購買力平価（Purchasing Power Parity, PPP）に基づき，

1日1.9US（アメリカ）ドル以下で生活している人々と定義しています。2013年において，この絶対的貧困のレベルの人々が，世界で7億6,700万人いるとされています。これは世界人口の約10％に該当します。**購買力平価**とはもともとは2国間の為替レートを決定する理論の概念で，比較する2国において同一のものを購入できるお金の価値のことです。例えば，アメリカで水500mlのペットボトル1本が1USドルであり，同じ商品が日本で110円だったとします。その場合「ペットボトル1本を買うことができる同一価値のお金」ということで，為替レートは「1USドル＝110円」ということになります。よく物価には内外価格差があると言いますが，購買力平価はこの物価差を考慮にいれた値です。すなわち世界銀行が言う絶対的貧困とは，1日1.9US（アメリカ）ドルと同等の価値，日本だったら日本の物価レベルにおいて1日200円以下，年収にして73,000円以下で生活している人々となります。日本では生活保護でさえ月々13万円程度受給できるので，日本で暮らすとしたらとんでもない貧困となります。もちろん，発展途上国では現物経済と言って，必需品を必ずしも現金で買うわけではありません。例えば，食べ物は自給自足かもしれませんし，物々交換も盛んだと思われます。我々先進国のように，お金がないことがそのまま生活の質が落ちることになるとは限りません。それでも1日1.9USドルの生活は大変厳しいものです。また，貧困が原因で次のような様々な社会問題を引き起こしています。

【飢餓と栄養失調】

貧困に伴う飢餓状況が深刻です。国連の諸機関の報告（世界保健機関（World Health Organization, ＷＨＯ），国際連合児童基金（United Nations Children's Fund, UNICEF（ユニセフ）），The Sustainable Development Goals Report）によると，2016年現在，世界中で7億9,300万人が栄養失調状態にあります。特に，サブサハラ（アフリカのサハラ砂漠以南の地域であり，世界的に貧困の象徴的な地域と考えられている）では人口の63％が栄養失調で苦しんでいます。世界の5歳未満の子どものうち1億5,500万人が発育不良です。5歳未満の子どもの死亡の45％が低栄養に関係していると考えられており，5歳の誕生日を迎えることなく亡くなる子どもは年間560万人，1日に約1万5,000

人（約5.6秒に1人）の5歳未満児が命を落としています。

　一方で，これに反する事実として，先進諸国を中心に世界では19億人が過体重または肥満であり，同じく先進諸国の5歳未満の子どもも4,100万人が過体重または肥満となっています。かつてはアメリカだけの問題でしたが，最近は日本でも低所得者の肥満傾向が顕著となっています。低所得者の人は，お金を使ったレジャーができないので，食べることが楽しみであること多く，また，安価でカロリーが高い食べ物ばかり摂取する傾向があるからだと言われています。同じ貧困でも発展途上国では本当に飢餓に陥る人々がいる一方，先進国では肥満に悩むとは本当に大きな矛盾であると言わざるを得ません。

【教育】

　同じく国連の諸機関の報告によると，貧困は教育に大きな問題をもたらしています。2014年において，世界全体では，小学校の学齢期に達した児童の9％に当たる6,100万人が学校に通っていません。これは日本の小学生の数の約10倍になります。日本では不登校が問題になっていますが，世界的には貧困ゆえに学校へ通えない子どもが問題なのです。そのうちの52％に該当する3,200万人が女の子となっています。サブサハラでは，小学校学齢期の子どもの21％（＝5人に1人）に当たる3,300万人が学校に通っていません。また同地域では学校に電気があるのが25％，水道があるのが48％にすぎません。このように学校も整備されていません。

　貧困状態にある子どもたちが，教育を受けることは，将来，彼らが貧困から脱出するために最も重要です。国際連合教育科学文化機関（United Nations Educational, Scientific and Cultural Organization, UNESCO, ユネスコ）によれば，過去の貧困国の状況を検証した結果，もし全員が中等教育を終了した社会になれば，貧困は現在より55％減少するとしています。また，仮に中等教育を終了しなくても今の貧困状態の子どもたちがもう1年間学校へ通うだけで，生涯に得られる収入が10％向上するとしています。児童労働は後述しますが，貧困ゆえに教育を受けられずに働かなければならず，そして教育がないために貧困から抜け出せないという悪循環の連鎖が起こっています。

【児童労働と劣悪な労働環境】

　貧困は劣悪な労働環境をもたらしています。貧困下における子どもたちは学校に行くことができずに働いています。義務教育を行わず，法律で禁止されている18歳未満の危険・有害な労働のことを**児童労働**と言います。国際労働機関（International Labor Organization, ILO）によれば，2016年では世界中で5〜17歳の子どものうち，児童労働に従事している数は1億5,200万人としています。そのうち約7,300万人が危険を伴う仕事に従事しています。地域別ではアフリカが7,210万人と最も多く，子どもの5人に1人（19.6%）の割合となっています。アジア・太平洋諸国は6,210万人と二番目に多い地域で，同様に14人に1人（7.4%）の割合となっており，続いて，アメリカ大陸・カリブ地域では1,070万人（19人に1人：5.3%），ヨーロッパ・中央アジアでは550万人（25人に1人：4.1%），中東では120万人（35人に1人：2.9%）が児童労働に従事しています。児童労働と言っても，日本のオフィスのような安全で清潔な労働環境に子どもが混じっているということではありません。例えば，親に仕事がないために，物乞いをすることが仕事となっている子どもがいます。また大人でも危ないような漁業の現場や危険な工場で大人に混じって働いている子どもがいます。

　貧困に起因する劣悪な労働実態は児童労働ばかりではありません。2013年4月にバングラデシュの首都ダッカ北西約20kmにあるサバールで，8階建ての商業ビル「ラナプラザ」が崩壊しました。このビルは銀行や商店ばかりでなく，欧米の衣料品ブランドを対象とする5つの縫製工場が入っており，この事故で1,134人が死亡，330人が行方不明となりました。このビルが倒壊した最大の理由は違法建築を繰り返し，建物の強度を失った結果に起因するものでした。また，縫製工場の生産力を高めるために，無理に大型発電機やミシンを入れ，その振動が一緒になり，崩れ落ちてしまいました。さらに，この事故を詳しく調査していくと，労働者たちは，経営者側から不当な扱いを受けていたことがわかりました。肉体的な暴力や性的・精神的虐待を受けていたり，時間外労働を強いられたり，有給での産休取得を拒否されたりしていました。また事故当日も従業員は建物の異常に気づいていたにもかかわらず，経営者が無理に操業を続けさせたこともわかっています。このことは報

道で大きく取り扱われていたので記憶にある方も多いと思います。

1-1-4 世界的な課題とグローバルリスク

環境問題と貧困問題を述べてきました。重要なことは，この**環境問題と貧困問題が相互に関連して悪循環に陥っている**ということです。よくある例が発展途上国における森林破壊とその結果生じる人為的ともいえる自然災害が

図表1-7　グローバルリスクの推移（経済問題から環境・社会問題へ）

Top 5 Global Risks in Terms of Likelihood

	2008	2009	2010	2011	2012
1st	Asset price collapse	Asset price collapse	Asset price collapse	Storms and cyclones	Severe income disparity
2nd	Middle East instability	Slowing Chinese economy (<6%)	Slowing Chinese economy (<6%)	Flooding	Chronic fiscal imbalances
3rd	Failed and failing states	Chronic disease	Chronic disease	Corruption	Rising greenhouse gas emissions
4th	Oil and gas price spike	Global governance gaps	Fiscal crises	Biodiversity loss	Cyber attacks
5th	Chronic disease, developed world	Retrenchment from globalization (emerging)	Global governance gaps	Climate change	Water supply crises

Top 5 Global Risks in Terms of Impact

	2008	2009	2010	2011	2012
1st	Asset price collapse	Asset price collapse	Asset price collapse	Fiscal crises	Major systemic financial failure
2nd	Retrenchment from globalization (developed)	Retrenchment from globalization (developed)	Retrenchment from globalization (developed)	Climate change	Water supply crises
3rd	Slowing Chinese economy (<6%)	Oil and gas price spike	Oil price spikes	Geopolitical conflict	Food shortage crises
4th	Oil and gas price spike	Chronic disease	Chronic disease	Asset price collapse	Chronic fiscal imbalances
5th	Pandemics	Fiscal crises	Fiscal crises	Extreme energy price volatility	Extreme volatility in energy and agriculture prices

出所：世界経済フォーラム「グローバルリスク報告書2018」。

あります。山に住む人々がいます。しかし，貧困と知識不足ゆえに，人々は無計画に森林を伐採して，森林を消失させてしまいます。すると，山の恵みで生きていた人々は山では暮らせなくなります。都市部に出て働こうとしますが，貧困ゆえに教育を受けておらず，質の良い仕事につくことができません。収入が低いのでまともな家に入りたくても家賃が払えません。自分たちで家を建てて住むしかありません。いわゆるスラム街と呼ばれるものとなり

2013	2014	2015	2016	2017	2018
Severe income disparity	Income disparity	Interstate conflict with regional consequences	Large-scale involuntary migration	Extreme weather events	Extreme weather events
Chronic fiscal imbalances	Extreme weather events	Extreme weather events	Extreme weather events	Large-scale involuntary migration	Natural disasters
Rising greenhouse gas emissions	Unemployment and underemployment	Failure of national governance	Failure of climate-change mitigation and adaptation	Major natural disasters	Cyberattacks
Water supply crises	Climate change	State collapse or crisis	Interstate conflict with regional consequences	Large-scale terrorist attacks	Data fraud or theft
Mismanagement of population ageing	Cyber attacks	High structural unemployment or underemployment	Major natural catastrophes	Massive incident of data fraud/theft	Failure of climate-change mitigation and adaptation

2013	2014	2015	2016	2017	2018
Major systemic financial failure	Fiscal crises	Water crises	Failure of climate-change mitigation and adaptation	Weapons of mass destruction	Weapons of mass destruction
Water supply crises	Climate change	Rapid and massive spread of infectious diseases	Weapons of mass destruction	Extreme weather events	Extreme weather events
Chronic fiscal imbalances	Water crises	Weapons of mass destruction	Water crises	Water crises	Natural disasters
Diffusion of weapons of mass destruction	Unemployment and underemployment	Interstate conflict with regional consequences	Large-scale involuntary migration	Major natural disasters	Failure of climate-change mitigation and adaptation
Failure of climate-change mitigation and adaptation	Critical information infrastructure breakdown	Failure of climate-change mitigation and adaptation	Severe energy price shock	Failure of climate-change mitigation and adaptation	Water crises

■ Economic　■ Environmental　■ Geopolitical　■ Societal　■ Technological

ます。しかし，彼らは安全で便利な土地を利用することができません。誰も住みたがらない危険で汚れた土地に住むしかありません。例えば，発展途上国では治水工事が進んでおらず，川のそばは洪水の危険が高く，普通の人が住みたがらない土地となっています。スラム街はそのような土地に形成されます。地球温暖化による異常気象で豪雨が多発しています。山は人々が森林を伐採してしまったため保水能力がありません。その結果，川が氾濫し，結果として川のそばに住むスラム街の人々が多く犠牲になります。

　「海を豊かにするために山を豊かにする」とは，生態系を語る上でよく使われる言葉です。山が豊かであればその豊かな土壌の栄養分が川で運ばれ，下流域や海を豊かにします。貧困に起因する森林の消失は，下流域の土壌の悪化を招きます。すると下流域の農業生産性が落ちます。また，豊かな川の水が流れ込まない海においては，漁場の劣化から漁業収入の低下も招きます。結果としてさらなる貧困を招きます。

　世界経済フォーラムという会議があります。毎年，スイスのダボスで開催される年次総会が「ダボス会議」として知られています。世界各国の知識人，ジャーナリスト，多国籍企業の経営者，及び政治家などの各界のトップリーダーが一堂に会し，世界が直面する重大な問題について話し合っています。このフォーラムでは過去からの世界的なリスクを評価して「グローバルリスク報告書」として発表しています。リスクは発生頻度と発生したときの予想損害の大きさによって評価されます。図表1-7は2008年から2018年までの予想頻度が高いトップ5と予想損害が大きいトップ5を示しています。図の文字が小さくてわかりにくいかもしれませんが，2010年まではランクインされる問題が経済問題，地域問題，社会問題だけでした。しかし，2011年以降，環境問題が常にランクインしており，最近では経済問題が消えてしまいました。地域問題や社会問題もランクインしていますが，この背景には貧困問題があることは明らかです。すなわち，**世界的にはリスクの中心が「経済問題から環境・社会問題」へシフトしている**ことが見てとれます。図表1-8は直近である2018年報告書でのリスク評価です。縦軸に損害の大きさ，横軸に発生頻度を取っているので，図表では右上の事象が損害も大きく頻度も高い重要なリスクとなります。「異常気象」「自然災害」「気候変動への対応失敗」「水危

図表1-8　グローバルリスク

Figure I: The Global Risks Landscape 2018

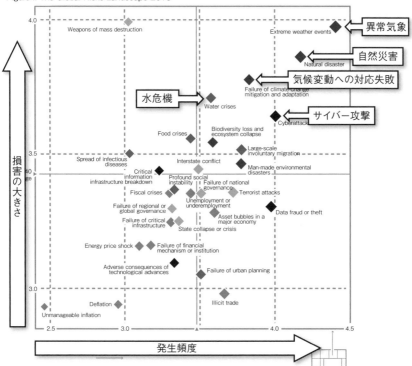

出所：世界経済フォーラム「グローバルリスク報告書2018」一部筆者が加工。

機」「サーバー攻撃」が重要なリスクですが，環境問題が最もリスクが高いと考えられていることがわかります。

　国際連合児童基金（ユニセフ）は2017年に日本の9歳から18歳の子どもたち1,000人を対象にして意識調査を行っています。その結果によりますと，「自然災害」に対しては「非常に心配である」「時々心配になる」という回答を合わせると，93％が心配であり，子どもが心配と考える社会問題のトップとなっています。よく話題になっていて子どもたちにとってはとても身近であるはずの「子どもの虐待・いじめ」が心配だと感じる割合の83％を上回っています。また，自然災害は73％が自分自身に影響が及ぶと考えています。これ

は同じく「子どもの虐待・いじめ」が自分に影響が及ぶと考えている割合の50%を上回っています。このことは環境教育が進んでいる証でもありますが，子どもたちは素直にかつ直感的にリスクを感じ取っているのだと思います。

1-1-5　日本における社会的課題
【日本をめぐる社会環境の変化と社会的課題の概略】

　前節までは社会的課題についての世界的な流れを見てきました。特に日本においても環境問題が深刻であることは述べました。次に，日本において顕著な社会的課題に目を向けたいと思います。2017年に経済産業省の官僚有志が集まり，「次官・若手プロジェクト」を結成し，東京大学の先生方や各分野の有識者と意見交換を重ね，「不安な個人，たちすくむ国家 〜モデル無き時代をどう前向きに生き抜くか〜」という報告書を発表しました。その中で，国家の今後のあり方を議論する上でとらえるべき，世界の大きな潮流変化として，5つのカテゴリーとそのキーワードを以下のように記述しています。

① 「国際政治」：新興国の台頭，大国のナショナリズム，アジア太平洋地域の地政学的変化，国家破綻と難民
② 「経済」：先進国における低成長の長期化，新興国の成長鈍化，超国家企業による情報独占，サステナビリティー（食料・エネルギー・生態系等）
③ 「民族・文化・宗教」：原理主義の台頭，伝統的価値観 VS リベラルな価値観
④ 「技術」：第4次産業革命（インターネットや人工知能などIT技術を使って産業を劇的に変化させること），シンギュラリティ（人工知能が人類の知能を超えること，及びそれによる世の中の変化のこと），バイオ，特定企業によるキラー技術（一定の分野を支配するような圧倒的に魅力がある技術のこと）の独占，サイバーセキュリティーの重要度の高まり
⑤ 「社会」：個人の価値観の変化・多様化，少子高齢化と人口構成の変化，格差の拡大・固定化，情報化社会

　このような，環境の変化の中で，報告書では「誰もが不安や不満を抱えて

いる社会」になっていると指摘しています。

　日本における社会的課題については政府各省庁や日本のシンクタンクなど
が様々なレポートを出しています。その中で，環境省の2015年第一回気候変
動長期戦略懇談会「我が国が抱える経済社会の課題例」を参考に概略を述べ
たいと思います。

①人口減少

　日本は長期の人口減少過程に入っており，2026年に人口1億2,000万人
を下回った後も減少を続け，2048年には1億人を下回り，40年後の2060年
には現在の日本人口の70%である8,674万人になると推計されています。こ
の人口減少については後で詳しく述べます。

②土地利用の格差

　2050年までに，現在，人が居住している地域のうち約20%が無居住化
する可能性があります。これは上記の人口減少と密接にかかわっています。
市街地も拡散され，インフラ維持などの行政コストの増加の要因ともなり
ますし，自動車への依存度も高まり，高齢者の生活環境にも大きく影響し
ます。

③製造業の競争力低下と国内産業の空洞化

　1990年代以降，日本の輸出額は伸び悩んでいます。加えて，日本企業の
海外生産比率はますます高まっており，国内産業の空洞化が進んでいます。
これは国内における雇用維持を厳しくさせています。

④科学技術力の低下

　科学技術力は，日本は特にものづくりにおいて優れており，それが日本
の発展の基礎でした。しかし，基礎研究を含めて日本の科学技術力の低下
が懸念されています。

⑤経常収支の悪化

　経常収支とは，簡単に言えば，国が海外とのやり取りで儲かっているかど
うかをあらわすものです。日本は長年輸出に強く，経常収支が黒字であり，
これが日本の大きな収入源でした。しかし，日本の製造力の低下や，円高
の進行，化石燃料の輸入の増大で経常収支は悪化しています。

⑥地方の疲弊

　①の人口減少，②土地利用の格差，とも大いに関係しますが，恒常的に人口は地方から都市部に流れており，その結果，地方での人口減少と地域経済の凋落が起きています。

⑦医療・社会保障関係費の増加

　社会保障関係の給付金（年金・医療・福祉など）は2012年度において約109兆円と過去最高の水準になっています。今後も増加が予想されて，2025年には日本のGDPの4分の1に当たる約150兆円になると推計されています。

⑧国際プレゼンスの低下

　世界における日本経済のシェアは低下しています。また，国際競争力も低下しています。1990年に世界のGDPの13.8%が日本でしたが，2014年に5.7%になりました。2050年には2.8%になると推計されています。

⑨エネルギー・食料安全保障の確保

　日本のエネルギー自給率は6%，食料自給率はカロリーベースで40%です。エネルギーも食料も輸入に頼っています。一方，世界人口の増大と発展途上国の近代化によって，エネルギーは2040年において2012年対比で1.37倍，食料については2050年に2000年対比で1.55倍が必要とされています。このように世界的にエネルギーや食料が逼迫する中，日本がいかにエ

図表1-9　日本が抱える社会的課題

人口減少	土地利用の格差	製造業の競争力低下 国内産業の空洞化
科学技術力の低下	経常収支の悪化	地方の疲弊
医療・社会保障関係費の増加	国際プレゼン低下	エネルギー・食料安全保障の確保

出所：環境省資料（2015年第一回気候変動長期戦略懇談会「我が国が抱える経済社会の課題例」）を参考に筆者が作成。

ネルギーや食料を確保していくかが課題です（図表1-9）。

【少子高齢化】

　前述のように，日本には様々な社会的課題があります。その中で筆者は，「少子高齢化」と「子どもの貧困」が重要と考えており，それについて述べたいと思います。ここでも確認しておきたいことは，日本においても様々な社会的課題はお互い影響を及ぼしながら進んでいるということです。これは世界的な社会的課題である「環境問題」と「貧困問題」が絡み合っていることと同じです。

　少子高齢化とは，子どもが生まれる数が減り人口が減少する中で，高齢者（65歳以上）の割合が増加することを言います。人口は国のすべての活動の基本です。人口が減ることと平行して高齢者の割合が増えることは様々な影響があります。人口に対してどれくらい子どもが生まれるかという意味で出生率があります。日本の場合には**合計特殊出生率**を一般に出生率として使っています。合計特殊出生率とは，1人の女性が出産可能とされる15歳から49歳までに産む子どもの数の平均を示しています。人口が増えるか減るかの境の合計特殊出生率は，亡くなる人や子どもを作らない人がいるので2.07です。日本は1974年以降ずっと2.07を下回っており，2017年では1.43となっています。総務省によると2019年10月の日本の総人口は1億2,614万人です。日本の総人口は2008年をピークに減少に転じています。働いて日本や家計を支えている生産年齢人口（15歳〜64歳）は1995年から減少しています。すでに述べた通り，日本は長期の人口減少過程に入っており，2026年に人口1億2,000万人を下回った後も減少を続け，2048年には1億人を下回り，40年後の2060年には現在の日本人口の70%である8,674万人になると推計されています。これと同時に65歳以上の人が総人口に占める割合（高齢化率）が高くなる高齢化社会が進展していきます。2015年に27%であった高齢化率は2060年には40%になると予想されています（図表1-10）。

　なぜ，少子高齢化は起きるのでしょうか。日本の場合，第2次世界大戦後のベビーブームで生まれた団塊の世代が高齢化を迎える特殊要因がありますが，医療技術の発達や日常生活への健康配慮などにより，人が長生きするように

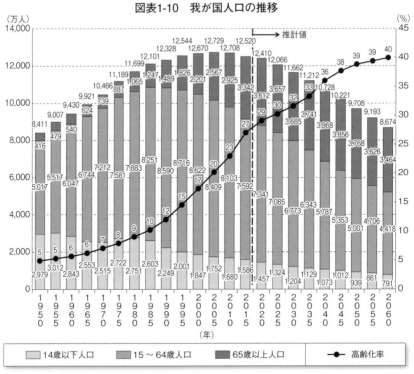

図表1-10　我が国人口の推移

出所：総務省「平成28年度情報通信白書」。

なりました。日本人の平均寿命が男女ともに世界のトップクラスであること
はよく知られています。これは幸せな側面だと言えます。少子化については
女性の晩婚化も原因です。女性の高学歴化と社会進出が進んでいます。これ
も社会にとっては良いことですが，日本では働いている女性が子育てできる
サポート体制ができていません。一方で，昔ながらの男性が家計を支える収
入を得るという考え方も生きています。しかし，企業が経済合理性を追求す
るあまり，非正規雇用者の若い男性も増えてきています。当然非正規雇用で
は収入も少なく，結果として男性側からも結婚に踏み切ることが少なくなっ
ています。このように，結果としては少子高齢化なのですが，その背景には
様々な社会的な変化があります。

　筆者は毎日満員電車にゆられて職場に通っています。ですから，人口が減

ればたぶん混雑は緩和されるでしょう。地価も下がることでしょう。一見，良いことがあるように思えます。しかし，少子高齢化は社会問題を深刻にさせます。年金は現役世代が高齢者を支える仕組みです。当然，現役世代の減少と高齢者の増加は年金システムを破綻させる方向に働きます。中央大学客員教授河合雅司の『未来の年表』によると，少子高齢化によって，私立ばかりでなく国立大学の経営危機，技術大国の地位低下，少子化のさらなる進展，親の介護のための離職の大量発生，労働力不足による人件費の上昇と企業経営の悪化，膨大な数の認知症患者の発生，輸血用血液の欠乏，空き家の増大と治安の悪化，地方自治体の半数の消滅危機，外国人による日本国土の買い占め，などが起こるとしています。

【子どもの貧困】

　フランスの経済学者であるトマ・ピケティの『21世紀の資本』という本が日本でも話題になりました。このままの資本主義が続けば，一部の大富豪を中心に何もしなくても金持ちはより金持ちになり，貧富の格差がどんどん広がることを過去のデータ分析で説明したものです。ピケティの主張そのものに対しては異論もあるかもしれませんが，日本において格差の拡大が問題視されていることは事実です。我々は自由競争社会に生きています。その結果，努力した人が認められなければいけません。その意味において格差はあって当たり前です。しかし，格差が大きく，また固定することによって，努力しても格差が是正されないような社会では希望が持てません。仕事格差，結婚格差，家族格差，教育格差，老後格差など様々な側面で格差は議論がされています。この中で，子どもが置かれた環境に格差が広がっています。格差とその原因については山田昌弘中央大学教授が『新平等社会』という著書の中で様々な興味深い分析を行っています。彼の言葉を借りれば，収入が低く生活が困難であり，最低限の条件さえも満たしていない「底抜け」した人々と，その家庭に生まれた子どもたちが子どもの貧困で最も考えなければならない課題となります。

　日本では，家庭の収入が全世帯の収入（これは一般的な収入ではなく，等価可処分所得という計算方法を使っています）の中央値の半分以下である場合，

図表1-11　主要国の子どもの貧困率

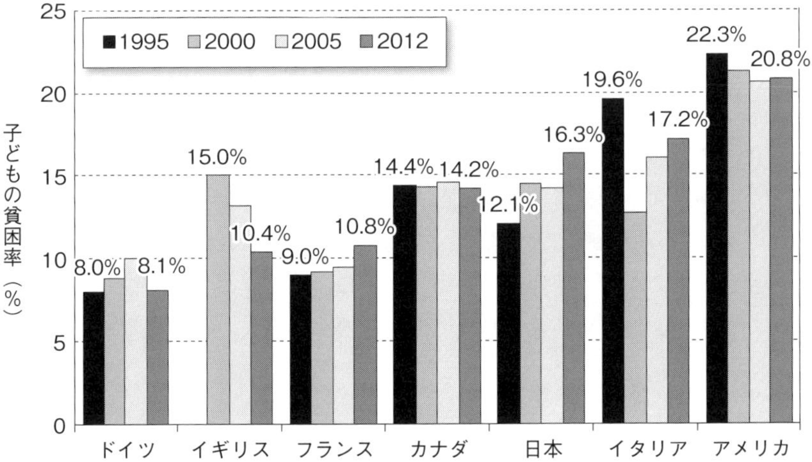

出所：日本財団「子どもの貧困の社会的損失推計」レポート。

　貧困家庭としています。**子どもの貧困**とはこの家庭に所属する子どもたちにかかわる社会的課題です。なお，全世帯収入の中央値の半分を**貧困線（貧困ライン）**と呼びます。厚生労働省の「平成28年国民生活基礎調査」によると，2015年ベースでは年収が122万円以下の家庭が貧困線を下回る貧困家庭になります。この貧困家庭にいる子どもの割合（子どもの貧困）は全体の13.9%であり，子どもの7人に1人が貧困状態にあります。2012年では16.3%であったのでやや改善はされていますが，世界の先進国の中では高い水準にあります（図表1-11）。

　公益財団日本財団の調査によれば，貧困家庭の子どもは非貧困家庭の子どもに比べ，明らかに学力が低く，10歳を超えるとその差が特に開くとしています。家庭環境だけで学力に差が出てしまうのです。また，貧困ゆえに高学歴を得ることもできません。同じく日本財団によれば，専修学校を含む大学等進学率は，非貧困家庭が83.6%であるのに対して，生活保護世帯だと34.9%，児童養護施設出身だと24.0%，1人親家庭だと44.1%となっています。そして，学歴と収入は正の相関関係にあるので，それが世代間で受け継がれ，貧困の固定化につながっていきます。2024年に改訂されますが，現在の日本の千円

札には野口英世が描かれています。彼は福島県の貧しい農家に生まれましたが，努力を重ね，世界的な医学者になった人です。だから日本人は彼をたたえると同時に，彼の伝記では逆境に耐えて努力することの大切さを教えています。しかし，残念ながら，人は生まれた環境で人生が決まってしまう方向に向かっています。子どもの貧困には子どもに罪がありませんし，親も同じような貧困世帯で育ったのであるならば親にもその責任を問うことは難しいかもしれません。教育は平等にあるべきですので，これは公的な意味での社会問題だと考えます。貧困を支えるには社会保障が必要です。日本財団の試算によると，現在の日本の子どもの貧困をそのまま放置しておくのとそれに対策するのでは，現在の子どもたちが就労期を終えるまでに，約4兆円も経済的な差違が生ずるとしています。子どもの貧困は，子どもの幸せを奪うばかりでなく，国に対しても大きな損失をもたらす問題なのです。日本政府もこの問題に手をこまねいているわけではなく，2014年に「子どもの貧困対策の推進に関する法律」を施行し，様々な対策を講じています。

1-2　社会的課題を解決する動き

1-2-1　SDGsとは

　2015年9月にニューヨーク国連本部において「国連持続可能なサミット」が開催されました。150を超える加盟国首脳が参加し，また，190を超える国連加盟国のすべての合意のもと「我々の世界を変革する：持続可能な開発のための2030アジェンダ」（以下アジェンダ）が採択されました。国連ではそれまでに，世界共通の開発目標として「ミレニアム開発目標（Millennium Development Goals, MDGs）」を掲げて世界の社会的課題の解決に取り組んでいました。そのMDGsを踏襲する形で，より高度で具体的な17の目標と169のターゲットを掲げたものが**持続可能な開発目標（Sustainable Development Goals, SDGs）**」です。この目標の決定プロセスは今までになかったものです。3年をかけて世界中の政府，市民団体，企業，研究者などの様々な立場の人

が議論を重ねました。また，延べ1,000万人もの人々がオンライン調査で参加して成立しています。

　アジェンダの前文では，「**貧困を撲滅することが最大の地球規模の課題であり，持続可能な開発のために不可欠必要条件である**」とし，「**すべての国及びステークホルダーは，協同的なパートナーシップの下，計画を実行して，誰一人取り残さないことを誓う**」としてその精神を述べています。加えて，掲げられた目標は「持続可能な開発の三側面，すなわち経済，社会及び環境の三側面を調和させるもの」としています。実際，目標は17ですが，この目標は「経済」「社会」「環境」の3つに分類することができます。もちろん，すべての目標は相互に影響しておりつながっています。17の目標は最終目標である「誰一人取り残さない」ことを達成することの入り口と考えると良いと思います。

　SDGsは国際的な共通目標ですが，法的な義務がある取り決めではありません。自主的な取組みを促すためのものです。ただし，成果を測ることは共通しています。自主的な取り組みに任せることで実効性があるかは議論があるところです。しかし，このSDGsに法的な拘束力を持たせれば前に述べたような形で国連加盟国のすべての同意は得られなかったでしょう。むしろ自由にすることで皆が目標に向かうことが加速するとの考え方をとりました。17の目標が入り口であるならば，各自が取り組みやすいことからSDGsにかかわってほしいということでもあります。

　日本では，政府が2016年12月に「持続可能な開発目標（SDGs）実施方針」を決定し，各省庁を通じて積極的にSDGsに取り組もうとしています。経済界においても，日本を代表する経済団体である経団連（一般社団法人日本経済団体連合会）はSDGsを意識した形で「企業行動憲章」を改定しています。また，もう一つの代表的な経済団体である経済同友会（公益法人経済同友会）も組織の中に「持続可能な開発目標（SDGs）研究会」を立ち上げています。第2章で述べますが，SDGsを含めた社会的課題の解決は，単に企業の社会的責任の遂行ばかりでなく，企業にとって様々なビジネスチャンスをもたらすテーマと考えられるようになっています。

　SDGsにはすでに述べた通り，2030年までに17の目標があり，169のター

ゲットが設定されています。17の目標とは以下の通りです（図表1-12）。

図表1-12　SDGs 世界を変えるための17の目標

出所：国際連合広報センターホームページ

目標1　（貧困をなくそう）：あらゆる場所のあらゆる形態の貧困を終わらせる。

目標2　（飢餓をゼロに）：飢餓を終わらせ，食料安全保障及び栄養改善を実現し，持続可能な農業を促進する。

目標3　（すべての人に健康と福祉を）：あらゆる年齢のすべての人々の健康的な生活を確保し，持続可能な農業を促進する。

目標4　（質の高い教育をみんなに）：すべての人々への包括的かつ公平な質の高い教育を提供し，生涯教育の機会を促進する。

目標5　（ジェンダー平等を実現しよう）：ジェンダー平等を達成し，すべての女性及び女児の能力強化を行う。

目標6　（安全な水とトイレを世界中に）：すべての人々の水と衛生の利用可能性と持続可能な管理を確保する。

目標7（エネルギーをみんなにそしてクリーンに）：すべての人々の，安価かつ信頼できる持続可能な近代的エネルギーへのアクセスを確保する。

目標8（働きがいも経済成長も）：包括的かつ持続可能な経済成長及びすべての人々の完全かつ生産的な雇用と働きがいのある人間らしい雇用（ディーセント・ワーク）を促進する。

目標9（産業と技術革新の基盤をつくろう）：強靱（レジリエント）なインフラ構築，包摂的かつ持続可能な産業化の促進及びイノベーションの推進を図る。

目標10（人や国の不平等をなくそう）：各国内及び各国間の不平等を是正する。

目標11（住み続けられるまちづくりを）：包摂的で安全かつ強靱（レジリエント）で持続可能な都市及び人間居住を実現する。

目標12（つくる責任，つかう責任）：持続可能な生産消費形態を確保する。

目標13（気候変動に具体的な対策を）：気候変動及びその影響を軽減するための緊急対策を講じる。

目標14（海の豊かさを守ろう）：持続可能な開発のために海洋・海洋資源を保全し，持続可能な形で利用する。

目標15（陸の豊かさを守ろう）：陸域生態系の保護，回復，持続可能な利用の推進，持続可能な森林の経営，砂漠化への対処，ならびに土地の劣化の阻止・回復及び生物多様性の損失を阻止する。

目標16（平和と公正をすべての人に）：持続可能な開発のための平和で包摂的な社会を促進し，すべての人々に司法へのアクセスを提供し，あらゆるレベルにおいて効果的で説明責任のある包摂的な制度を構築する。

目標17（パートナーシップで目標を達成しよう）持続可能な開発のための実施手段を強化し，グローバル・パートナーシップを活性化する。

1-2-2　SDGsと金融機能のかかわり

　本書では第2章以下で，社会的課題の解決とその具体的な金融機能について述べていきますが，SDGsの169のターゲットにも直接的に金融機能にかかわる記述があります。その内容と関連する金融機能を図表1-13にまとめました。ご覧ください。また，金融機能に関する記述がないターゲットについても，内容によっては様々な形の金融機能が関連しています。このようにSDGsの達成と金融機能には密接な関係があると言えます。

　ここで，注目すべきは，目標16のターゲット16.4です。「2030年までに，違法な資金及び武器の取引を大幅に減少させ，奪われた資産の回復及び返還を強化し，あらゆる形態の組織犯罪を根絶する」とあります。SDGs達成のために積極的に金融機能を活用するばかりでなく，SDGsの目標達成を阻害する資金の流れを積極的に絶とうと呼びかけています。これは**ディスインベストメント**（Disinvestment）または**ダイベストメント**（Divestment）と呼ばれるものです。反社会的勢力など明確に世の中に悪影響を及ぼすものや，自分の価値観でそのように考えるところへは投融資を行わない，及び，すでに投融資を行っている場合は投融資を引き上げることも含みます。SDGsのターゲットの中にこの考え方が入っていることは，SDGs達成に関して，金融機能に対する積極的な関与とその期待の大きさがうかがえます。

図表1-13　SDGsのターゲットに記載された金融機能

目標	ターゲットに金融機能の記述があるもの （括弧内はターゲットの番号）	金融機能
1（貧困）	2030年までに，貧困層及び脆弱層をはじめ，すべての男性及び女性の経済的資源に対する同等の権利，ならびに基本的サービス，オーナーシップ，及び土地その他の財産，相続財産，天然資源，適切な新技術，及び**マイクロファイナンスを含む金融サービスへの管理を確保する**（1.4）	金融サービス全般，融資（マイクロファイナンス）
1（貧困）	2030年までに，貧困層や脆弱な立場にある人々のレジリエンスを構築し，気候変動に関連する極端な気象現象やその他の経済，社会，環境的打撃や災害に対する**リスク度合いや脆弱性を軽減する**（1.5）	保険，予防のための金融サービス
2（飢餓）	国際協力の強化などを通じて，農村インフラ，農業研究・普及サービス，技術開発，及び植物・家畜遺伝子バンクへの**投資を拡大**し，開発途上国，特に後発開発途上国における農業生産の強化を図る（2.a）	投資
4（教育）	2020年までに，開発途上国，特に後発開発途上国及び小島嶼開発途上国，ならびにアフリカ諸国を対象とした，職業訓練，情報通信技術（ICT），技術・工学・科学プログラムなど，先進国及びその他の開発途上国における高等教育の**奨学金の件数を全世界で大幅に増加させる**（4.b）	融資（または贈与）
5（ジェンダー）	女性に対し，経済的資源に対する同等の権利，ならびに各国法に従い，オーナーシップ，及び土地その他の財産，**金融サービス**，相続財産，天然資源**に対するアクセスを与えるための改革に着手する**（5.a）	金融サービス全般
7（エネルギー）	2030年までに，再生可能エネルギー，エネルギー効率，及び先進的かつ環境負荷の低い化石燃料技術などのクリーンエネルギーの研究及び技術へのアクセスを促進するための国際協力を強化し，エネルギー関連インフラとクリーンエネルギー技術への**投資を促進する**（7.a）	投資
8（雇用）	生産活動や適切な雇用創出，起業，創造性，及びイノベーションを支援する開発重視型の政策を促進するとともに，**金融サービスへのアクセス改善など**を通じて中小零細企業の設立や成長を奨励する（8.3）	金融サービス全般
8（雇用）	**国内の金融機関の能力を強化し，すべての人々の銀行取引，保険，及び金融サービスへのアクセス拡大を促進する**（8.10）	金融サービス全般
9（インフラ）	特に開発途上国における小規模の製造業その他の企業の，**安価な資金貸付などの金融サービス**やバリューチェーン及び市場への統合へのアクセスを拡大する（9.3）	金融サービス全般，融資

9（インフラ）	アフリカ諸国，後発開発途上国，内陸開発途上国及び小島嶼開発途上国への**金融・テクノロジー・技術的支援**の強化を通じて，開発途上国における持続可能かつレジリエントなインフラ開発を促進させる（9.a）	金融サービス全般
10（不平等の是正）	**世界金融市場と金融機関に対する規制とモニタリングを改善し，こうした規制の実施を強化する**（10.5）	金融サービス全般
10（不平等の是正）	後発開発途上国，アフリカ諸国，小島嶼開発途上国及び内陸開発途上国をはじめとするニーズが最も大きい国々を対象に，各国の計画やプログラムに従って，政府開発援助（ODA）及び**外国直接投資を含む資金フロー**を促進する（10.b）	金融サービス全般，投資
10（不平等の是正）	2030年までに，移動労働者による**送金コストを3%未満に引き下げ，コストが5%を超える送金経路を撤廃する**（10.c）。	決済
11（安全な都市）	2020年までに，包含，資源効率，気候変動の緩和と適応，**災害に対する強靭さ（レジリエンス）を目指す**総合的政策及び計画を導入・実施した都市及び人間居住地の件数を大幅に増加させ，仙台防災枠組2015-2030に沿って，あらゆるレベルでの総合的な災害リスク管理の策定と実施を行う（11.b）	保険，災害に対する金融支援
13（気候変動）	すべての国々において，**気候変動に起因する危険や自然災害に対する強靭性（レジリエンス）及び適応力を強化する**（13.1）	保険，予防のための金融サービス
15（生態系・森林）	生物多様性と生態系の保全と持続的な利用のために，**あらゆる資源源からの資金の動員及び大幅な増額を行う**（15.a）	金融サービス全般
16（法の支配等）	2030年までに，**違法な資金及び武器の取引を大幅に減少させ**，奪われた資産の回復及び返還を強化し，あらゆる形態の組織犯罪を根絶する（16.4）	金融サービス全般
17（パートナーシップ）	複数の財源から，開発途上国のための**追加的資金源を動員**する（17.3）	金融サービス全般
17（パートナーシップ）	**必要に応じた負債による資金調達，債務救済及び債務再編の促進を目的とした協調的な政策により**，開発途上国の長期的な債務の持続可能性の実現を支援し，重債務貧困国（HIPC）の対外債務への対応により債務リスクを軽減する（17.4）	金融サービス全般
17（パートナーシップ）	後発開発途上国のための**投資促進枠組みを導入及び実施する**（17.5）	投資

出所：国際連合広報センターホームページ等を参考に筆者が作成。

1-3 金融の役割とは

　ここでは，まずは，簡単にお金の歴史を述べます。皆さんは何気なく毎日お金に触れています。歴史的に見るとお金は人類最大の発明品であり，人類の発展，特に近代国家の形成に大きく貢献したものです。一方で，お金をめぐっては様々な悪いことが起きています。**お金はそれだけ大きな影響力がある存在ですし，使い方によって良い影響も悪い影響も及ぼす「両刃の剣」です。**

1-3-1 お金の歴史

　お金の最初の起源は明確にはわかりません。最初は石，貝，骨などがお金として使われていました。お金の機能としての交換手段ばかりでなく，お金として使われた石や貝など，素材そのものが持つ価値も大切にされていました。今から約5,000年前に四大文明が誕生し，交易が盛んに行われるようになりました。現在我々が硬貨としてイメージする金属を使ったお金が誕生したのはエジプト文明やメソポタミア文明においてです。エジプトでは金がメソポタミアでは銀がお金として使われました。どちらも貴金属であり，エジプトでは金はファラオの金属とされたことから，お金に貴重さと権威が加わりました。その後長らく貴金属によるお金の時代が続きます。しかし，商業の発達につれてお金の流通量は増えますが，貴金属の製造量（通貨の鋳造量）が追いつかなくなりました。中国の（北）宋時代（960-1127）に，世界最初の紙幣が登場します。それは銅銭不足が原因でした。ここでお金は現物が持つ価値から離れ，人々がその価値を信頼することによって価値が維持されるようになりました。

　お金を通して世界史を見てみると，大きな転機となったのが大航海時代です。大航海時代とは，15世紀半ばから17世紀半ばまでの間，ヨーロッパ人によってアフリカ，アジア，及びアメリカ大陸への大規模な航海が行われ始めた時代を言います。これにより世界的な規模で，銀，香辛料，紅茶などを対象に交易が開始されました。今では私たちの食卓に欠かせない，トウモロコ

シ，ジャガイモ，トマト，カボチャなどの食べ物も大航海時代がもたらしたものです。また，大航海時代には欧州列強による植民地支配の開始という側面があります。有名なコロンブスのアメリカ大陸発見（1492年）もこの間になされています。もともとキリスト教でもイスラム教でも，お金から利息を取ることは良いこととはされていませんでした。お金は交換の手段であっても，お金そのもので利益を獲得するような利息を取るようなことは慎むべきものであるとされてきました。シェイクスピアの戯曲に『ヴェニスの商人』があります。これは名作ですが金融業を営むユダヤ人に対する偏見もあるとされています。それはこのようなキリスト教の考え方が背景にあります。しかし，この大航海時代をきっかけに，商業規模が飛躍的に拡大し，富裕層には巨万の富が集まりました。また，交易によってお金も世界的に動くようになりました。この富の蓄積と交易によって，お金によって更なるお金を生み出す投資が行われるようになりました。17世紀初頭1600年にイギリス東インド会社が，1602年にオランダ東インド会社が設立され，現代的な意味での企業活動の萌芽が始まります。オランダの東インド会社が世界最初の株式会社と言われています。株式会社は株を発行するという新たな金融機能が整備されたことによって設立が可能となりました。大航海時代の成功でオランダに富が集まります。そのため，世界最初のバブルであるチューリップバブルが1630年代にオランダで発生します。人々はお金儲けのためだけに実質的に価値がないチューリップの球根へ投資を続け，結局それが暴落することになりました。その後，人類はこのようなマネーゲームを繰り返すようになります。18世紀後半に入ると産業革命が始まります。産業革命は，そのきっかけとなった背景に，技術力の発展と動力の確保があると言われています。そればかりでなく，大航海時代に始まった企業活動が整備されたこと，それを支えるお金の流通が整備されていたことも大きな影響力を持っています。1776年にアメリカ合衆国が独立し，1789年にフランス革命が始まります。この市民革命も革命資金としてお金が支えました。そして，その後，国が近代国家になることによってますますお金の流通と重要性が増した社会へと突入しました。このように，最初は自給自足社会を補う手段にすぎなかったお金が，近代国家の成立や産業の発展に貢献し，今では，皆さんが常識と考えるように，国

家の根幹をなす機能を持つまでに至っています。

1-3-2　金融機能とは

　まずは，お金の役割を見てみましょう。お金には大きく3つの役割があります。

　1つめは「**価値の尺度としての役割**」です。皆さんが街へ買い物に行ったとします。八百屋さんで大根を手に入れようと思ったらある八百屋さんでは「価格はキャベツ1個と同じ」，別な八百屋さんでは「価格はナス5本と同じ」と表示されていたらよくわかりません。やはり最初の八百屋さんでは「大根1本200円」と表示されていて，別な八百屋さんでは「大根1本180円」と表示されていたとします。その場合安い八百屋さんで買おうと思います。数日後，また大根を食べたくなりました。この間大根を買った八百屋さんへ行くと「大根1本250円」と表示されていました。ならば，大根が高くなったので今日は大根を買うことをやめることを考えます。このように価値の尺度が決まっていると便利であり，また自分の行動に的確な判断をすることができます。

　2つめは「**交換の手段としての役割**」です。これはお金の歴史でも触れた通りです。物々交換の時代，ある人が肉を持っていてお米を手に入れたいと思っていたとします。しかし，この人はすぐにお米を持っている人と出会えるとは限りません。冷蔵庫もないので肉は腐ってしまいます。まず，お米は持っていなくても肉が欲しい人が持っているお金と交換しておけば，後でお米を持っている人に出会ったときにお金とお米を交換することができます。

　3つめは「**価値の貯蓄・保存の機能**」です。先ほどの例で肉と交換したお金は，肉のように腐ることはありません。だからお金の価値には変わりがなく，いつまでもお米に換えることができます。お米ばかりでなく麦にも芋にも換えることができます。

　次に金融機能を考えてみましょう。「金は天下の回りもの」という言葉があります。お金が世の中をぐるぐる回ってその役目を果たしている様子を言っています。また，お金は社会の血液ともよばれています。やはり循環していることに価値があります。一方で，将来に備えて無駄遣いはしないように

親から教えられます。高齢化社会においては老後資金を用意することの大切さがテレビで宣伝されています。お金は貯めておくことも大切です。どうやらお金はぐるぐる回ることと，将来のために貯まっていることの両方とも大切なようです。このように，世の中には「お金を必要とする人」と「お金を貯めておきたい（今はお金を使わない）人」がいることになります。そしてこの両者にはギャップが生じます。そのギャップを埋めるのが**金融機能**です。**金融**とはお金を融通することの略であり，お金を必要とする人とお金を貯めておきたい人との間を取り持ち，社会の血液であるお金を流通させることを言います。そして，それを本業としている会社や組織のことを**金融機関**と言います。街を歩くと，銀行や証券会社や保険会社の看板を見かけます。仕事の内容はいろいろですが，いずれも金融機能を持った金融機関です。

　金融機能には間接金融と直接金融があります。

　間接金融とは，すぐにお金を必要としない人（お金の出し手）から金融機関がお金を預かり，そのお金を必要とする人（お金の受け手）に融通することです。お金の出し手と受け手の間に金融機関が入るので間接金融となります。間接金融を行う代表的な金融機関は銀行です。銀行はお客さんから預金としてお金を預かり，**融資**としてお金が必要な人や企業にお金を貸し出します。皆さんは銀行に預金口座を持っていると思います。また，家を買うときに住宅ローンを借りると思います。学校を卒業するために学資ローンを借りている人もいるでしょう。企業も余分なお金は預金で置いています。一方，手持ちの資金では足りないような必要資金が発生したときは借入（融資）で賄っています。このように間接金融は皆さんにとって最も身近な金融方法です。

　一方，お金の出し手と受け手との間に金融機関が入らない金融を**直接金融**と呼びます。これは企業がお金を必要とする場合が中心となっています。そこで活躍するのが**有価証券**です。有価証券は企業が直接発行し投資家に売却されます。お金のやり取りは企業と投資家の間で直接されるので直接金融となります。そして，その仲介を金融機関がしますが，主に証券会社が扱います。**有価証券**とは会社の持ち分や会社に対する貸し付けにおける元本や利息の受け取りの権利などを証券化と言って，その権利を売買できるようにしたものです。有価証券は主に株と債券に分かれます。**株**は株式会社が返済する必

要がない資金（自己資本）を集めるために発行するものです。株を買った人はその会社の所有者の一員であり**株主**となります。株主は会社が儲かった場合に配当を受け取ります。株主総会では会社の経営について質問を行い，会社経営を行う取締役を選任します。また，上場株式と言って，公の取引所で取引されている株であれば毎日値段がついているので，株が値上がりしてそれを売却すれば利益を得ることができます。投資したお金が全額もどるという元本保証はなく，最悪の場合，会社は倒産し株は無価値となります。このように株は自己責任で買うことになります。**債券**は会社の借金が証券化されたものです。ですから債券を発行して得たお金は会社にとっては借金と同じ（負債）となります。債券には元本保証があり，債券の額面の金額は債券の期間が満了になると返ってきます。また，通常は利息がついています。また，第三者に売却することも可能です。

　ここでまず重要なことは，**金融は信頼の和**であるということです。もともとお金は，人が決めた価値によって成り立っています。もちろん，個人ではなく国が保証するものです。偽札は論外ですが，皆が「この1万円札は1万円の価値がある」と信用しているので，1万円札はどこへ行っても1万円の価値があります。だからお財布に1万円札があれば，安心して皆と飲み会へ行くことができます。そして，お金を銀行に預ける人は「この銀行なら預けてもお金がなくなることはない」と銀行を信用しています。銀行がお金を貸し出すときも，「この会社・人ならお金をかならず返してくれる」とまずは借り手を信用します。お金の価値そのものを信用することから始まり，お金を預ける場合もお金を貸す場合も，すべてが信頼の和から成り立っています。そして，金融機能と信頼される社会は双方向の関係にあります。金融機能は信頼される社会があってはじめて効率的にその機能を発揮するものであり，逆に信頼される社会をつくるために金融機能を生かす必要があります。

　次に重要なことはお金に善悪はなく，**お金は使う人の意思によって善くもなるし悪くもなる**ということです。お金の悪い面はお金によって引き起こされる犯罪でしょう。警察庁の「犯罪統計資料」によると，平成29年に認知された犯罪発生件数は約92万件でした。そのうち窃盗犯と知能犯の合計は約70万件で，全体の犯罪の77%が明らかにお金（財産）にかかわっています。こ

れに入らない凶悪犯や粗暴犯にもお金（財産）が原因になったことが多数含まれています。また，犯罪ではない争いごとは民事裁判や調停で解決します。裁判所の司法統計によれば，平成29年度において裁判所は約153万件の民事・行政裁判，調停等を受け付けましたが，そのかなりの割合はお金をめぐる争いと考えられますし，もともとはお金でない争いであっても，結局はお金で解決するケースもあります。知り合いの弁護士の経験によると，離婚訴訟の場合，離婚することや子どもの親権のことは決まっても，慰謝料や養育費といったお金の争いは最後まで続くことが少なくないとのことです。裁判には至らなくてもお金を巡る争いはよく見かける光景です。お金に困って自殺する人もいれば自己破産する人もいます。このようにお金は，犯罪や争いなど人の不幸の原因になり，お金は汚いものと思われがちです。しかし，それは間違いです。お金の歴史で述べたようにお金は人類の発展に大きく貢献しています。お金はそれを取得する手段と使い方が大切なのです。「絶対的貧困（16ページ）」で述べましたが，世界では7億6,700万人が1日200円（1.9USドル）以下で生活しています。ミシュランというタイヤメーカーが，味，サービス，雰囲気などを採点して，料理店に星を付けて格付けしています。ミシュランから星をもらうことはお店にとって大変名誉なことです。特にその中でも最高ランクの三つ星を獲得することは世界的に最高の料理店であることの証となります。グルメの人にとっても一度は行ってみたいお店になります。日本には2019年現在，ミシュランの星を獲得した料理店が226店あり，そのうちわずか11店のみが三つ星を獲得しています。私が調べた限りでは1回の平均的な食事の料金は1人29,000円でした。このように食事代が高額でも食通が殺到して予約が取れない店もあります。しかし，29,000円は1日1.9ドル（約200円）以下で暮らす絶対的貧困の人々のほぼ5ヶ月分の生活費と同じです。わずかな収入しかない人たちにとっては，我々にとって何気ない額のお金であっても，その人たちの生活に大きく関係します。この29,000円を数時間楽しむためのグルメに使うのか，グルメはやめて絶対的貧困の人たちの5ヶ月分のために使うのかは，あなたの考え方次第です。これは価値観の問題であり，どちらが正しいとは言えません。お金にはすごい力があります。最初に述べた通り両刃の剣です。そして，使う人の意思によっては大きく世の

図表1-14　お金とは

> 社会を良くするも
> 社会を悪くするも
>
> **使い方次第！**

中に貢献することができます。この本の主題は「金融機能を使った社会的課題の解決」にあります。お金の持つ良い側面や世の中を幸福にするお金の使い方を一緒に考えていきましょう（図表1-14）。

●この章の重要ポイント

1. 今，世界において最も大切なことは，様々な社会的課題を克服した「持続可能な開発（持続可能な社会の実現）」にあります。持続可能とは，「将来の世代の欲求を満たしつつ，現代の世代の欲求を満足させる」ことです。

2. 世界的な社会的課題の最も大きなものは「環境問題」です。これは人為的に地球規模で引き起こされたものであり，手遅れになると後戻りができません。
   私たちは環境問題に対して何ができるかを考えなければいけません。

3. 環境問題の最も深刻なものは「地球の温暖化」です。自然災害を増加させ世界中に深刻な被害を及ぼします。また,「自然破壊と資源の枯渇」や「水問題」も重要な環境問題です。

4．世界的な社会的課題のもう一つの最も大きなものは「貧困問題」です。特に「絶対的貧困」が問題であり，「飢餓と栄養失調」「教育の阻害」「児童労働と劣悪な労働環境」をもたらしています。

　　貧困問題はよそ事ではありません。私たちに何ができるかを考える必要があります。

5．環境問題と貧困問題は相互に絡み合って悪循環に陥っています。そして，世界で最も大きなリスクはこれらに起因したものです。

　　環境問題と貧困問題を同時に解決する方法にはどんなことがあるでしょうか。

6．日本においては過去に比べて社会環境が大きく変わっており，様々な社会的課題が生まれています。

　　私たちはこれらを適切に把握して対策を考える必要があります。

7．日本の社会的課題のうち，「少子高齢化」と「子どもの貧困」が重要です。私たちのまわりで，少子高齢化と子どもの貧困によってどのような問題がおきているか確認してみるのも大切です。

8．世界的な課題である貧困問題を解決するために「持続可能な開発目標（SDGs）」が国連によって作成されました。

　　私たちは SDGs において何を具体的な目標にしているのかを見ておく必要があります。

9．SDGs において，金融機能の役割が重要であり，過去にない形で課題解決のために金融機能が期待されています。

10．お金は「価値の尺度としての役割」「交換の手段としての役割」「価値の貯蓄・保存の機能としての役割」を持つ極めて便利な発明品であり，そのお金を循環させる金融機能は人類の発展に大きく貢献しました。

11．お金にはものすごい力がありますが，お金そのものには善悪はなく，使う人の意思によって善くもなるし悪くもなるものです。

私たちは世の中をより良くするお金の扱い方について勉強して自分の考えを持つ必要があります。また，小さいときからそれを身に付けるにはどうしたら良いでしょうか。

参考文献

足立英一郎・村上芽・橋爪麻紀子『SDGsの教科書』（日経BP社，2018年）

飯田泰之・木下斉ほか『地域再生の失敗学』（光文社新書，2016年）

板谷敏彦『金融の世界史』（新潮選書，2013年）

今村仁司『貨幣とは何だろうか』（ちくま新書，1994年）

上田和勇・岩坂健志『現代金融サービス入門』（白桃書房，2003年）

内山節『貨幣の思想史』（新潮選書，1997年）

OECD／高木郁郎・麻生裕子訳『図表で見る世界の社会問題4』（明石書店，2017年）

カーソン／青樹簗一訳『沈黙の春』（新潮文庫，1974年）

河合雅司『未来の年表』（講談社現代新書，2017年）

河合雅司『未来の年表2』（講談社現代新書，2018年）

北村龍行『「借金棒引き」の経済学』（集英社新書，2000年）

倉都康行『金融史がわかれば世界がわかる』（ちくま新書，2005年）

佐伯啓思『貨幣と欲望』（ちくま学芸文庫，2013年）

サックス／鈴木主税・野中邦子訳『貧困の終焉』（早川書房，2014年）

末吉里花『はじめてのエシカル』（山川出版社，2016年）

橘木俊詔『日本の教育格差』（岩波新書，2010年）

日能研『SDGs2030年までのゴール』（みくに出版，2017年）

橋本健二『新・日本の階級社会』（講談社現代新書，2018年）

ピケティ／山形浩生・森田桜・森本正史訳『21世紀の資本』（みすず書房，2015年）

ピケティ／村井章子訳『新・資本論』（日経BP社，2015年）

増田寛也『地方消滅』（中公新書，2014年）

三浦展『ファスト風土化する日本』（洋泉社，2004年）

宮崎正勝『知っておきたい「お金」の世界史』（角川ソフィア文庫，2009年）

宮本又郎・高嶋雅明『庶民の歩んだ金融史』（プロダクションF，1991年）

アレン・ヤーゴ／熊野直明・空閑祐美子訳『金融は人類に何をもたらしたのか』（東洋経済新報社，2014年）

山本良一・Think the Earth Project『一秒の世界』（ダイヤモンド社，2003年）

山本良一・Think the Earth Project『世界を変えるお金の使い方』（ダイヤモンド社，2004年）

山本良一・Think the Earth Project『気候変動＋2℃』（ダイヤモンド社，2006年）

山本良一・Think the Earth Project『一秒の世界2』（ダイヤモンド社, 2008年）

デイヴィッド・ランサム／市橋英夫訳『フェア・トレードとは何か』（青土社, 2004年）

ローマ・クラブ『成長の限界』（ダイヤモンド社, 1972年）

第2章

企業の社会的責任と金融機能

　本章は「企業の社会的責任と金融機能」をテーマとしています。なぜ企業の社会的責任が大切かというと，筆者はこれが企業経営の根幹をなす概念と考えるからです。後で述べますが，企業は社会に強い影響力を持っています。そして，その企業活動を支える金融機能は企業経営に強い影響力を持っています。本章でお伝えしたいことを先に述べます。それは，「企業に大きな影響力を持つ金融機能によって，企業にその社会的責任を遂行させ，健全な企業経営を喚起するとともに，社会に強い影響力を持つ企業が本業を通して持続可能な社会の実現に貢献することを後押しする」ことを一緒に考えたいということです。

　ところで，本章では企業という言葉と会社という言葉が混在しています。例えば，企業の社会的責任，企業不祥事と言いますが，あまり会社の社会的責任とか会社不祥事とは言いません。よく職業を聞かれますが，会社員といっても企業員とは言いません。厳密には企業と会社とは同一ではありませんが，本章では企業と会社とは同一と思ってください。加えて，法律的に，会社には，株式会社のほかに合同会社，合資会社，合名会社がありますが，本章では主に株式会社をさして会社としています。

2-1　会社とは

2-1-1　人類最大の発明の１つである株式会社

　世界最初の株式会社は，オランダで設立された，オランダ東インド会社（Vereenigde Oost-Indische Compagnie, VOC）です。1602年に設立されました。日本では徳川家康が江戸幕府を開く前年のことです。世界史で大航海時代を勉強するときに教科書で有名なのはオランダより前の1600年に設立されたイギリス東インド会社です。アジア貿易を目的として最初に設立された組織だからです。しかし，オランダ東インド会社が世界で初めて近代的な意味での株式会社の特徴を兼ね備えていました。まずは株を発行したことです。東インド会社は，国策の意味がありアジアとの交易を行っていました。当時の船は帆船であり，船の大きさはせいぜい数百トンから大きくても2,000トンまででした。現代では100,000トンを超える船は珍しくありませんが，当時の船はそれとは比べものにならないくらい小さく，航海はかなり危険なものでした。よって，その航海に資金を集めたくても，危なくてお金を出す人を見つけることが難しかったのです。それを解決したのが株の発行です。当時は出資者と事業者が分かれることなく，出資者は事業のオーナーとして事業に対してすべての責任を無限に負っていました。事業に成功すれば利益を得ることができますが，事業に失敗したらどこまでも責任を負わなければいけませんでした。一方，株の場合は有限責任といって，自分が出資した額がゼロになることを覚悟すれば，最悪その金額の損失だけで済みます。また，株は第三者に譲渡することができます。自分にお金が必要なときは株をお金に換えることができます。同じく，事業が危ないと感じた場合も譲渡することができます。これは出資者にとって損失を回避するリスクヘッジとなります。また，株を小さい金額で発行することによって，より多くの出資者からお金を集めることが可能になりました。次に，株を発行することにより，会社を所有することと事業を遂行することが分離することになりました。お金を出す出資者は実際の事業経営をその専門家に任せることになり，事業がより効率的になりました。そして，集めたお金を資本という概念で維持することに

図表2-1　人類最大の発明の1つ，株式会社

株式の発行による
容易な資金調達

資本確保による
事業の永続性

会社組織による
効率的な事業遂行

所有と経営の分離による
専門家の事業遂行

法人格による
事業遂行

優秀な人材の確保

よって事業の永続性が加えられました。それまでは，事業ごとにお金が集められ，事業が終了すると，利益とともにお金を返してその事業体も解散していました。加えて，法人格といって，法律的な権利や義務が人間と同じように扱われることになりました。例えば，会社は人間と同じように契約を結び，物品を売り買いすることができます。現代では会社が悪いことをすると人間と同じように罰せられます。法人格の概念はギリシャ時代からありましたが，会社組織が伴うことによってより明確になりました。また，このような効率的な組織にはお金ばかりでなく事業をしたい優秀な人材が集まります。その優秀な人材がますます会社を発展させます。まとめますと**株式会社は，お金と優秀な人材が集まりやすく，専門家が運営することで業務が効率的であり，なおかつ，人間と違い死ぬことはないので永遠に事業を継続することが可能な組織**となりました（図表2-1）。筆者は，株式会社は人類最大の発明の1つと思っています。このように，お金儲けを含めて，人が目的を遂行するためには最も合理的な組織形態だからです。なお，株式会社の運営にはその所有者である株主が集まる株主総会があります。株主総会は，株主に決算を承認してもらい，経営を担う取締役を選任するので会社の最も重要な会議と位置付けられています。この制度はイギリス東インド会社によって始められています。その意味では，オランダ東インド会社によって始まった株式会社の制度は，イギリス東インド会社が始めた株主総会が加わることによって整えられたと言えます。

2-1-2　会社の大きな影響力

　最初の株式会社ができて400年以上経ちました。前述したように事業を遂行することにおいて最も合理的な組織である会社は，今では人類にとってなくてはならない存在となっています。皆さんは「会社」と聞いて何を思うでしょうか。意識しなくても生活の一部になっていると思います。私事で恐縮ですが，筆者（岩坂）は会社員の子どもです。父方母方のおじは，1人を除いて全員会社員でした。私は学校を卒業すると迷わず会社員になりました。私の兄もそうです。妻も私と結婚するまでは会社員でした。2人の子どもは会社員の給料で育てました。成人した子どもたちは2人とも会社員ではありませんが，親としては彼らが幼い頃は漠然と「どのような会社に就職するのだろう」と思っていました。私のようにまわりが会社員ばかりの家庭は珍しくないと思います。そして，皆さんは会社組織抜きでは日常生活はおくれないはずです。生きることに必要な公共サービスでは，水道は公営でも，電気，ガスは会社が提供しています。通勤や通学をするにはほとんどの人は会社が運営する鉄道やバスを利用します。インターネットも携帯電話も会社によって運営されています。お昼にコンビニでお弁当を買ったりすることや，外食チェーンで食べることもあるでしょう。これも会社です。日頃買い物をする大手スーパーも，ちょっと贅沢な品物を買ってみたいファクトリー・アウトレットも会社が運営しています。テレビを見ても会社のコマーシャルばかりです。むしろ生活の中で会社以外の組織，例えば役所，病院，学校といったところと接点を持つ時間のほうが少ないと思います。なお，病院や学校はそれぞれ通常は医療法人や学校法人という組織で営まれています。これらは株式会社ではありませんが会社のような機能を備えています。

　総務省統計局の「日本の統計2018」によれば，2014年において，日本の事業所総数は全産業で554万です。そのうち297万が会社であり，総事業所の54％に当たります。事業所数で言えば働く場所の半分以上が会社となっています。同じく従業者数は総数で5,743万人に対して会社の従業者数は4,313万人です。実に働いている人の75％が会社員です。事業所数に比べて働く人の比率が高いのは，会社組織が会社組織でない事業所に比べて一般的には大きいからです。日本のトップ企業であるトヨタ自動車や日立製作所では30万人

以上の人が働いています。2014年の日本の総人口が1億2,708万人なので，大人も子どももひっくるめて，日本人口の34％，すなわち街で歩いている人の3人に1人が会社員となっています。

　会社が経済に与える影響も大きなものです。**国内総生産**（Gross Domestic Product，　以下**GDP**）という指標があります。GDPとはその国の国内において1年間に生み出された経済的な付加価値の合計です。国の経済力を示す代表的な指標です。総務省統計局によれば，2016年度の日本の総GDPにおける国民所得は391.7兆円，そのうち法人企業所得が93.6兆円で全体の24％を占めています。但し，この法人企業所得は従業員に給与を支払った後のものです。企業が作り出した付加価値（売上総利益）に対してどれくらい給与を払ったかの割合を労働分配率と言います。日本の労働分配率の総平均は68.9％となっています。給与として従業員に支払われた額を算入すると，筆者の計算では雇用者報酬支払い前の法人企業所得は286.9兆円となります。これは総GDPの73％となります。すなわち，働く日本人の75％が会社員であり，日本の富の73％は，企業所得と企業で働く人の所得として会社組織から生み出されているということになります。会社の中でも大企業は経済面で国家並みの影響力を持っています。米国の経済誌であるフォーチュン誌は毎年世界の大企業を500社選出して「フォーチュン・グローバル500」を発表しています。その2018年版によると，世界のトップ500社は33カ国で6,770万人を雇用しています。この雇用者数はイギリスの人口とほぼ同じです。世界最大の売上高がある会社はアメリカのウォルマート社です。小売業の最大手で売上高は5,003億ドル（約5兆5,000億円）です。世界銀行のデータによると2017年のベルギーのGDPは4,927億ドルでありウォルマート社の売上げとほぼ同額です。ベルギーはGDPランキングとしては200カ国中24位であり，国別GDPとしても上位に位置する額です。日本の最大手はトヨタ自動車です。売上げは世界第5位で2,652億ドル（約2兆9,000億円）です。これは200カ国中42位のフィンランドのGDPの2,519億ドルとほぼ同額になります。もちろん売上高とGDPを単純に比べることはできませんが，大企業の経済力の大きさはイメージできるはずです。

もう一つ大切なことは，会社によって引き起こされるマイナスの影響力です。まずは企業不祥事による影響力を考えてみましょう。2000年に雪印乳業が集団食中毒事件を起こしています。黄色ブドウ球菌に起因する毒素を含んだ乳製品によって14,780人が食中毒の被害にあいました。国土交通省のデータによると2017年における日本の1町村当たりの平均人口が11,555人です。この雪印乳業の企業不祥事は，日本の平均的な1つの町あるいは村全体を超える人数が食中毒を起こしたのと同じことになります。幸い死者はいませんでしたが，この食中毒は世間を震撼させました。国際化が進む日本企業の不祥事は世界的にも悪影響を及ぼします。自動車が事故を起こしたときにエアバッグが膨張して人の命を救ってくれます。このエアバッグ製造の大手であったタカタは欠陥エアバッグ問題を引き起こしました。2000年頃から異常破裂をする欠陥エアバッグを製造し，途中，不具合が見つかっても隠蔽を続け，因果関係が特定されていない人を含めて米国では17人が異常破裂で亡くなりました。欠陥エアバッグは米国の裁判所で訴追され，タカタは全米で約3,400万台のリコールをすることとなりました。米国史上最大のリコールとなりました。雪印もタカタもその後会社は消滅しています。

　業績不振も大きな影響を及ぼします。東洋経済の調べによると，パナソニックは業績不振のため，2010年から2015年の間に11万7,000人の社員を減らしました。同じくソニーは4万3,000人減らしています。パナソニックもソニーも日本を代表する名門企業でした。ここに就職することは難しく，就職できて一生安泰と思っていた従業員も多かったはずです。

　また，世間には劣悪な労働環境や社員を使い捨てにするブラック企業があふれています。過労死問題も日常茶飯事です。厚生労働省の「平成29年度過労死等防止対策白書」によると，2016年において自殺者総数は21,897人でそのうち自殺の原因が特定できたのは16,297人でした。特定できた自殺の原因のうち，勤務問題を1つとする自殺者数が1,978人となっています。会社員は就業者数の75％ですので，単純に言えば，年間約1,500人，すなわち1日4人の会社員が勤務問題で自殺していることになります。学生の間で人気があり就職するのに大変難しい企業として有名な電通で若い社員が過労で自殺したことは記憶に新しいところです。そして自殺者に対して自殺未遂者はその

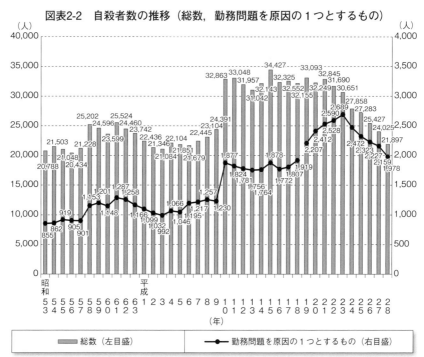

図表2-2　自殺者数の推移（総数，勤務問題を原因の１つとするもの）

注：平成19年の自殺統計から，原因・動機を最大３つまで計上することとしたため，平成18年
　　以前との単純比較はできない。
出所：警察庁の自殺統計原票データに基づき厚生労働省作成。厚生労働省「平成29年度版過労死
　　　等防止対策白書」。

10倍いると言われています。そしてそのまた10倍の人が自殺未遂に至らなく
ても常時死を考えるほど悩んでいると言われています。そして，この人たち
には家族や知人がいて，不幸に巻き込むことになります。これらを考えると
実に膨大な数の人々が会社を原因として苦しんでいることになります（図表
2-2）。

　このように会社の存在は現代社会において，良い面，悪い面を含めて大き
な影響力を持っています。

2-1-3　会社の存在意義

　会社の存在意義はどこにあるのでしょうか。**筆者は会社の存在意義は「本業**

を通して人を幸せにする」ことにあると考えています。次に述べますが，この「本業を通して人々を幸せにするために，企業を誠実に運営することが企業の社会的責任」だと考えます。会社はお金儲けのために存在すると思うかたも多いでしょう。企業の目的は利益追求にあると信じている会社経営者や従業員も多いと思います。もちろん利益を追求することは大変重要です。しかし，会社が存在する唯一の目的ではありません。むしろ本業を営むことが第一義的な目的であり，それをやり続けるために利益が必要です。利益は会社の目的遂行のための継続条件なのです。これは，人は何のために組織を作るのか，人はなぜ仕事をするのか，を考えると明確です。会社以外の組織，例えば，役所も学校も病院もそれぞれ役割があり設立されています。役所は住民にサービスを行います。学校は教育を行います。病院では病気を治します。そしてどの組織も人々に貢献すること，ひいては人々を幸せにすることが目的となっています。会社も例外ではありません。食品会社は安全で美味しいものを提供します。住宅会社は快適な住空間を提供します。電力会社は生活に必要なエネルギーを供給しています。会社にはすべて役割があります。まず会社は本業を通して社会に貢献し，その結果として利益を得ることとなるはずです。しかし，それを忘れて，最初から会社が自分たちの利益の追求だけに走ってしまうとそこに矛盾が生じてしまいます。

　自動車王ヘンリー・フォードの言葉に「お金以外なにも生み出さないビジネスは，貧しいビジネスである」があります。フォードは今では当たり前となっているベルトコンベア式の自動車製造を開発し，安価なＴ型フォードを爆発的に普及させ，現代のモータリゼーションの基礎を作った人です。経営学的には大量生産によるコスト削減と製品の普及による市場創成が評価されていますが，彼がしたかったことは自動車の普及による世の中への貢献でした。彼の自叙伝に『藁のハンドル』という本があります。彼は，「サービス精神こそ大企業の基礎」としたうえで，「企業は利益を得て経営しなければならない。そうでないと，企業は滅びる。しかし企業をただ利潤のみを求めて運営し，社会へのサービスをまったく考慮しない場合には，誰が運営しようとその企業は滅びるにちがいない。なぜならこうした企業には，もはや存在理由がないからである」と，利益は企業存続のために重要ではあるが，社会へ

のサービスこそが企業の存在意義であることを述べています。

　20世紀初頭に活躍した経済学者にJ.A.シュンペーターがいます。彼は「企業者による不断のイノベーション（革新）がもたらす動的な均衡こそが経済の正常な姿である」としています。ここでいう企業家とは厳密には会社だけではありませんが、会社は社会を変革して経済を支えるという意味で、会社の存在意義を語っています。元法政大学総長の清成忠男がシュンペーターの論文を編訳して『企業家とは何か』という本にしていますが、この変革は①新しい生産物または生産物の新しい品質の創出と出現、②新しい生産方法の導入、③工場の新しい組織の創出、④新しい販売市場の開拓、⑤新しい買い付け先の開拓、に分類されるとしています。シュンペーターの時代にはIT技術がありませんでしたが、現代ではIT関連企業が社会イノベーションを加速させています。代表的な企業の頭文字をとってGAFA（GAFAM、ビッグテックなど）と呼ばれています。グーグル社のインターネット関連技術は情報獲得を飛躍的に便利にしました。アマゾン社は人々の購買形態を一変させました。フェイスブック社が人と人のつながりを変貌させました。アップル社やマイクロソフト社は携帯電話やパーソナルコンピューターの利用を普及させました。いずれも革命といって良いほど、短時間かつ世界的に大きなイノベーションを起こしています。

　このシュンペーターに影響を受けた経営学者にP.F.ドラッカーがいます。彼は20世紀で最も著名な経営学者といっても良いでしょう。特に日本での人気が高く、彼の考えは今日でも多くの日本の経営者に影響を及ぼしています。彼には多数の著書があります。その中に『企業とは何か』（*The Concept of the Corporation*）という本があります。これは彼の初期の著作であり、ジェネラル・モータース（GM）を研究して、経営改革を分析したものでした。彼の分析と提案は斬新であり肝心のGMには受け入れられませんでした。しかし、他の経営者には高く評価され、企業経営に対する画期的な考えとして彼を世に出すきっかけとなりました。ドラッカーはこの本で「企業は社会の代表的な組織である」と位置付けています。そして「社会の代表的な組織には、社会の信条の実現の約束が求められている」としています。ここでいう社会の信条とは、大きく言えばアメリカの建国精神のことです。まさに会社の存在

図表2-3　会社の存在意義

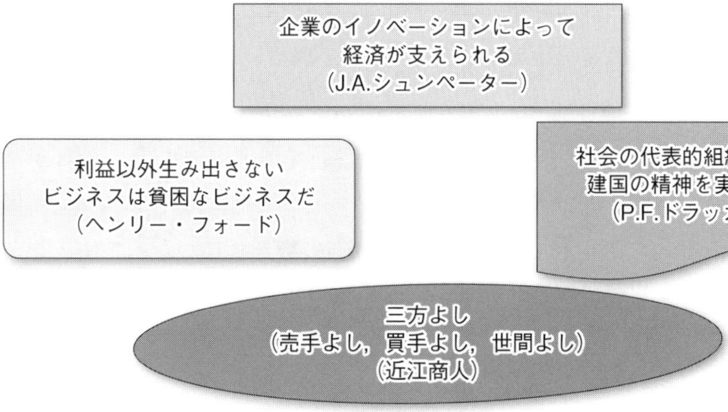

> 企業のイノベーションによって
> 経済が支えられる
> （J.A.シュンペーター）

> 利益以外生み出さない
> ビジネスは貧困なビジネスだ
> （ヘンリー・フォード）

> 社会の代表的組織として
> 建国の精神を実現する
> （P.F.ドラッカー）

> 三方よし
> （売手よし，買手よし，世間よし）
> （近江商人）

意義は，アメリカの建国精神が唱えるような理想的な社会の実現に貢献する
ことにあると言っています。

　日本にも伝統的に商売について同じ考えがあります。このことを説明する
のに近江商人の「三方よし」の精神がよく引き合いに出されます。近江商人
とは今の滋賀県を拠点とした商人のことです。主に江戸時代に活躍しました。
明治期に入り日本の近代的な企業の発展にも貢献しています。近江商人は行
商人として各地を回り，交易をするとともに各地で情報提供もしていました。
近江商人には，布団の西川産業の創始者である西川仁右衛門，大手商社の伊
藤忠商事・丸紅創始者である伊藤忠兵衛，住友財閥の初代総理事である広瀬
宰平や2代総理事である伊庭貞剛などがいます。また，三井財閥の始祖とさ
れる三井高利は三重県の松阪出身で伊勢商人とされますが，彼の祖父は武士
でしたが近江の人です。このように現在の日本の有力企業のもとを築き上げ
た人が多くいます。近江商人の三方よしとは，商売は，「売り手よし，買い手
よし，世間よし」でなければならないということです。当時会社はありませ
んでしたが，商売をする人は自分たちの利益ばかりでなく，商売の結果とし
て世間に貢献しなければならないという考え方です（図表2-3）。元同志社大
学教授末永國紀の『近江商人』によれば，三方よしは，その言葉そのものが
存在したのではなく，近江商人の中村治兵衛が宝暦4年（1754年）に家訓と
して残した遺言書をのちの研究者がその考え方を紹介したのが始まりだとし

ています。この著書には中村治兵衛以外の商家の家訓も紹介されていますが，いずれも「自分だけが儲けるのでなく他者の利益も考えるように」といった，三方よしの考え方が含まれています。

　人類の誕生に話が飛びます。NHK取材班が世界中の考古学者や人類学者などを取材して2012年にドキュメンタリー番組をつくりました。それが後に『ヒューマン　なぜ人は人間になれたのか』という本になっています。最近の研究によると，我々ホモ・サピエンスは過去数万年にわたってネアンデルタール人と共存していたことがわかっています。ネアンデルタール人とホモ・サピエンスを比べた場合，昔はネアンデルタール人の知能が劣っていたと考えられていました。しかし，現在では，死者の埋葬や使っていた道具などから，知能は我々ホモ・サピエンスとほぼ同等であったと考えられています。一方，骨格から類推すると，身体能力では圧倒的にネアンデルタール人のほうが優れていました。体が大きく力もありました。例えば，同じ獲物を仕留めるために1対1で競争したのであればネアンデルタール人が勝利したことでしょう。しかし，我々ホモ・サピエンスは生き残り，ネアンデルタール人は絶滅してしまいました。今から2万5,000年くらい前と言われています。その原因は，生活単位の大きさの違いにあると言われています。ネアンデルタール人は身体能力が高い故に家族単位程度で孤立して生きていたのに対して，ホモ・サピエンスは身体能力が劣るために集団生活を営んでいました。ホモ・サピエンスはこの集団生活を維持するために自己の利益よりも他人や集団の利益を優先させる「利他の精神」を発達させました。人類を襲った様々な危機に対して，ネアンデルタール人は個別に立ち向かい，ホモ・サピエンスは利他の精神をもって集団で立ち向かいました。そして，この利他の精神が様々な危機を乗り越えさせる結果となりました。人はお互い相手を思って協力することによって集団を強くして生き延びたわけです。このように利他の精神は我々人類が生き残った結果，本能的に備わっているものです。同じように，会社の存在意義が，社会に貢献するという利他の精神にあることはむしろ自然なことと考えます。

2-2 企業の社会的責任

2-2-1 企業の社会的責任の定義

　企業の社会的責任（Corporate Social Responsibility, CSR）とは，「企業の存在意義を誠実に実行する」ことであると前節で述べました。企業の存在意義は人々を幸せにすることにあるので，換言すれば「本業を通して人々を幸せにすることを誠実に実行する」ということになります。これらをまとめますと，筆者は，**企業の社会的責任**とは「**本業を通して社会に貢献し，ステークホルダーと共存共栄を図りながら，幸福で持続可能な社会の実現に貢献すること**」と考えています。

2-2-2　ステークホルダーとの共存共栄

　会社を取り巻く人々のことを**ステークホルダー**（Stakeholder）と言います。日本語訳にすると企業の利害関係者となりますが，金銭が伴わなくても，会社から直接的ばかりでなく間接的にも影響を受ける人々です。具体的には，株主，顧客，従業員，取引先，取引金融機関，行政，地元住民など，ほぼ世の中全般の会社の関係者と言って差し支えありません。言葉遊びのように「会社は社会をひっくり返したもの」と言われますが，会社は社会の構成員であるステークホルダーなしでは成り立ちません。会社の影響力で述べたように社会も会社がないと成り立ちません。先ほど出てきたヘンリー・フォードですがその著書の『藁のハンドル』で会社経営について「利潤動機（営利主義）は，合理的で現実に即したものと言われているけど，本当は決してそうではない，……なぜなら消費者に対する価格の引上げと賃金の引下げが含まれ，そのため自ら絶えず市場を狭め，ついには自らの首を絞めることになるからである」と述べています。すなわち会社は消費者と従業員というステークホルダーの犠牲の上にはいくら一時的に利益をあげたとしても存続できないということを言っています。また，会社が利益をあげていても，その分配においてステークホルダー間で対立が生じます。会社に利益がでたので，その利益を賃上げという形で従業員に分配してしまうと，会社に残る最終利

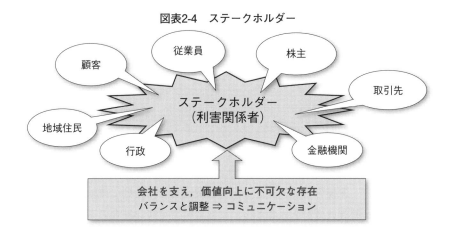

図表2-4　ステークホルダー

顧客

従業員

株主

取引先

地域住民

行政

金融機関

ステークホルダー
（利害関係者）

会社を支え，価値向上に不可欠な存在
バランスと調整 ⇒ コミュニケーション

益は減ることになり，株主への配当が減ることになります。このようなこと
は様々なステークホルダー間で起こることです。その意味で，会社は自社を
取り巻くステークホルダーの真ん中に立ち，バランスを取りコミュニケーシ
ョンを図らなければなりません。そして，会社は各ステークホルダーが満足
し，ともに繁栄するようなふるまいをしなければいけません。これが，会社
とステークホルダーとの共存共栄であり，会社の価値と社会の価値を向上さ
せることになります（図表2-4）。

2-2-3　企業の社会的責任として守るべき各責任

　会社には業務を遂行してステークホルダーとの共存共栄を図るために配慮
しなければならない様々な責任があります。企業の社会的責任を少し分解し
てみましょう。

【法的責任】

　法的責任とは法令遵守（コンプライアンス）のことです。法律を守らなけ
ればいけないことは自然人であっても会社のような法人であっても同じです。
会社に大きな損失を与える企業不祥事は，法律違反をすることでより決定的
になります。法律違反によって会社が消滅してしまうことは珍しくありませ
ん。企業不祥事で例示した雪印もタカタも最終的には法的責任を問われ，と

もに廃業に追い込まれました。金融では，日本の四大証券の一角であった山一證券が1997年に実質的な倒産である自主廃業をしています。その原因は損失隠しをするための不正会計による違法行為でした。日本大学教授の稲葉陽二は『企業不祥事はなぜ起きるのか』において，過去の不祥事をケーススタディーとして分析しています。企業不祥事の要因を①トップの暴走，②とりまきを作り長期に問題を隠蔽，③不祥事を見ても社員を黙らせる企業風土，に分類しています。いずれも，法律は守らなければいけないという基本的な責任が別な圧力で麻痺させられてしまい，結果として不祥事に至っています。「罪を憎んで人を憎まず」とは，罪を犯した人間には罪を犯すまでの事情があるので，寛容であるべきだとする心優しい言葉です。しかし会社の場合，法令違反に同情の余地はなく，最悪の場合，会社の消滅に直結しています。

【経済的責任】

経済的責任とは利益をあげ会社を存続させていく責任です。利益は会社の存在意義（目的）ではなく，存続条件であるということは何回も述べました。しかし，利益が目的ではなくても，経済的責任は極めて重要な責任です。多くの経営者が売上げを伸ばし利益をあげることを最重要課題としています。従業員に給料を支払うことによって会社は従業員の生活を守らなければいけません。取引先に対する支払いも同じです。連鎖倒産といって，影響力がある企業が倒産した場合，その取引先企業や子会社が倒産することはよくあることです。合法的な節税は企業経営上重要ですが，利益を出して国に対して税金を払わなければいけません。また，「法的責任」や，次に述べる「情報開示責任」とも関連しますが，「経済的責任」を果たすためにはその前提として企業会計が正しくないといけません。

【情報開示責任】

情報開示責任とは，会社の決算状況，経営内容，今後の経営方針，また不祥事があった場合はその内容を，出資者を含めたステークホルダーに知らせることです。**ディスクロージャー**とも言います。会社は株を発行することによって広く投資家からお金を集めて会社を設立します。その意味で設立され

た会社は公（おおやけ）の存在です。会社は出資者（株主）にその経営内容を説明する責任があります。会社と運命を共にしている従業員にも説明する必要があるでしょう。会社にお金を貸している金融機関への説明も重要ですし，取引先も同じです。この「情報開示責任」は上場企業に強く求められています。上場企業とは証券取引所において誰でも株の売買ができる会社のことです。中小企業庁の「2018年版 中小企業白書」によると2014年の日本の会社数は173万社です。日本取引所グループによれば2019年5月の日本の上場企業数は3,664社となっています。会社の総数に比べて上場企業はわずか0.2%にすぎません。上場企業になることは会社にとって大変名誉なことです。上場企業は，証券取引所で株がおおやけに取引されているので誰でも株の売り買いができます。そのためには投資家に会社の経営内容を正しく伝えなければいけません。また，上場企業は一般的には大企業であり，社会（ステークホルダー）に大きな影響力を持っています。このため上場企業は上場基準によって情報開示責任が厳しく問われています。金融商品取引法に基づく法定開示制度（有価証券届出書，有価証券報告書，四半期報告書など）があります。これは法定開示として定期的に開示が求められているものです。これに加え，この法定開示を補完するために，主に投資家向けに証券取引所における適時開示制度があります。これらにより，会社は経営状況を正しくタイミングよく開示するように定められています。また，法律で義務化はされていないものの，会社が社会や環境に配慮して経営を行っていることを広く知らせるために，企業によって「環境報告書」，「CSR報告書」や，これらに財務状況を含めた形での「統合報告書」が発行されています。

【社会・環境配慮責任】

　社会・環境配慮責任とは，会社は社会面や環境面に配慮しながら経営を行われなければならないということです。この考え方は近年特に重要となっています。それは第1章で述べた通り，深刻化する社会的課題に対する意識が高くなっており，会社にその配慮が強く求められているという背景があります。次に述べる企業の「統治責任（コーポレート・ガバナンス）」と合わせて，**ESG**と呼ばれています。**E**は環境（Environmental），**S**は社会（Social），

Gは企業統治（Governance, コーポレート・ガバナンス）で，その頭文字を取ったものです。社会（S）は社会全般とステークホルダーに対する配慮のことです。福沢諭吉がSocialを最初に日本語に訳したときは「人間交際」だったそうです。Socialは現代では「社会的な」という言葉になっていますが，本来は「人々や社会とのつながりを大切にする」ことを意味しています。例えば，従業員とのつながりを大切にすれば，従業員には働きやすい職場を提供する。お客さんとのつながりを大切にすれば，顧客にはより良い商品やサービスを提供する。社会全般とのつながりを配慮するのであれば，地域社会や発展途上国の人権に配慮する。といったことになります。環境（E）は環境に配慮して企業経営を行うことです。省エネで会社を運営する，事業によって環境破壊を行わない，法的責任とも関係しますが有害物質を出さないようにする，といったことになります。

【統治責任】

　統治責任とは，会社経営を健全に営む責任のことです。企業の社会的責任の遂行におけるコントロールタワーのような責任です。ESGのGであり，「法的責任」「経済的責任」「情報開示責任」「社会・環境配慮責任」を統括する総合的な責任となります。このように企業の社会的責任を意識して会社の目的のために会社全体を運営することを**コーポレート・ガバナンス**（企業統治）と言います。最終的には取締役会に統治責任は帰属します。会社法上，取締役は各人が対等の立場で議論を戦わせて企業統治を行うことになっています。取締役会は株主に対して責任を持ち，逆に株主はその責任を果たすために株主総会で取締役を選任しています。それは取締役が平等の立場で相互牽制を行い，企業統治を健全に保つためです。また，取締役会を牽制するために独立した立場で監査役がいます。しかし日本の会社の現実は異なります。どうしても代表権を持つ社長が上であり，社長は自分が評価した人を取締役にさせるため，株主総会に対してその就任を提案します。監査役にも同じような人が就任することも珍しくありません。そして社長によって選ばれた人は，取締役や監査役として取締役会においては法律的には対等であっても社長に逆らいません。むしろそのような「イエスマン」が選ばれることの方が多いの

かもしれません。これが，コーポレート・ガバナンスが機能しない原因となります。

「法的責任」のところで稲葉が言うところの企業不祥事の分類をあげました。それに沿った言い方を繰り返しますと，会社を不祥事に導かないために，コーポレート・ガバナンスによって①トップを暴走させない，②とりまきを作り長期に問題を隠蔽させない，③不祥事を見ても社員を黙らせる企業風土にしない，ように会社を経営する責任ということになります。

2018年11月に，ルノー・日産・三菱アライアンスの社長兼最高経営責任者（CEO）を務めていたカルロス・ゴーン氏が，東京地検特捜部に金融商品取引法違反の容疑で逮捕され，その後解任されています。ゴーン氏の暴走を許したコーポレート・ガバナンスに問題があります。一方，ゴーン氏の暴走を日産の経営陣が逮捕に協力する形で食い止めたことも事実です。一見自浄作用があったようにも見えました。しかし，その後ゴーン氏の暴走を食い止めたはずの社長が役員報酬の不正で辞任をしています。ドタバタ劇でコーポレート・ガバナンスの欠如が露呈しました。また，裁判等で事実が明らかになる前にゴーン氏が海外へ逃亡して話題になりました。結論としては，うやむやになりそうですが，企業統治のあり方とその責任に関する大きな事例になったことは間違いありません。

【リスク・マネジメント】

統合的な責任として**リスク・マネジメント**があります。これは，会社の「統治責任」の一部と考えられます。現代的な意味でのリスクとは，「目的を達成するための，チャンスもロスも含む不確実性」を指しています。当然，損失を抑えるためにリスク・マネジメントが必要です。加えて，不確実なチャンスをものにするためにもリスク・マネジメントが重要な役割を果たします。

2-2-4　求められるノブレス・オブリージュ

ノブレス・オブリージュ（Noblesse Oblige）という言葉があります。筆者が好きな言葉です。これはフランス語源の英語です。日本語にすると「高貴なる者の責任」となります。人々の上に立つ者は，単にその任務を遂行する

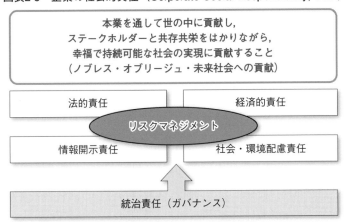

図表2-5　企業の社会的責任（Corporate Social Responsibility, CSR）

本業を通して世の中に貢献し，
ステークホルダーと共存共栄をはかりながら，
幸福で持続可能な社会の実現に貢献すること
（ノブレス・オブリージュ・未来社会への貢献）

法的責任　　　　　　　　経済的責任

リスクマネジメント

情報開示責任　　　　　社会・環境配慮責任

統治責任（ガバナンス）

ばかりでなく，積極的に問題を解決し人々の幸福に貢献しなければならない，といった意味です。ドラッカーが言うように会社は「社会の代表的組織」です。また，その影響力には強いものがあります。ここで，社会的課題の解決というと，企業によるボランティア活動や寄付金などを思い浮かべる人も多いと思います。もちろんそれも大事ですが，筆者は本業を通して社会的課題を解決することこそが企業の社会的責任の本質であると思っています。そしてここで大切なことは，**企業の社会的責任は，「現代社会ばかりでなく，未来社会の持続可能性にも貢献する」**ことだと考えています（図表2-5）。環境問題における地球温暖化は産業革命から始まっています。200年かけて人類が作り出した問題です。一方，我々現代人はこの問題を解決するばかりでなく，200年先の人々にも迷惑をかけることがあってはならないと思います。

2-2-5　国際標準化機構（ISO）における組織の社会的責任

　皆さんは街で「ISO14000」を取得している企業の看板を見かけたことがあると思います。ISOとは国際標準化機構（International Organization for Standardization）の略です。略語がIOSでなくISOなのは，ISOはギリシャ語で平等を意味し，語呂も良いからと言われています。ISOは工業に関する国際標準を策定するスイスに本部がある非営利団体です。ISO14000とはISO

の数ある基準の中で環境に関するものです。このISO14000を取得することは，企業で言えば環境に配慮した企業であることを国際的な基準で認めてもらったことになります。2010年に，企業に限らず「組織の社会的責任」に対する基準が作られました。それがISO26000です。そこには社会的責任の原則として，①説明責任，②透明性，③倫理的な行動，④ステークホルダーの利害の尊重，⑤法の支配の尊重，⑥国際行動規範の尊重，⑦人権の尊重　があげられています。

2-2-6　企業の社会的責任の具体的な評価項目

　東洋経済新報社が毎年，日本企業の「CSR企業ランキング」を発表しています。同社は企業経営について約150項目を評価していますが，下記にその評価項目を抜粋しました。評価のための分類は東洋経済のものをそのままとしています。私が前述で説明した分類の「法的責任」「経済的責任」「情報開

図表2-6　東洋経済CSR企業ランキング評価項目（抜粋）

評価分類	評価項目
人材活用	女性社員比率，離職者数，残業時間・残業手当，外国人管理職の有無，女性管理職比率，ダイバーシティー推進の状況，障害者雇用，65歳までの雇用，LGBT（性的マイノリティー）への配慮，産休取得者，育児休業取得者（含む男性），介護休業取得者，労働安全衛生マネジメントシステム，メンタルヘルス休職者数，人権尊重の取り組み，従業員の評価基準の公開，従業員の満足度調査
環境	環境担当部署・役員の有無，環境方針の有無，環境会計の有無，環境監査の実施状況，ISO14001の取得，グリーン購入，土壌・地下水の汚染状況，環境関連法令違反の有無，CO_2排出量等削減への中期計画の有無，気候変動への対応の取り組み，環境ビジネスへの取り組み，生物多様性保全への取り組み
企業統治	中長期的な企業価値向上の基礎となる経営理念，CSR活動のマテリアリティ設定，ステークホルダー・エンゲージメント，CSR担当部署・役員の有無，IR担当部署，法令遵守関連部署，内部監査部門の有無，内部通報・告発窓口（社内・社外）の設置，不祥事などによる操業・営業停止，コンプライアンスにかかわる事件・事故での刑事告発，内部統制委員会の設置，情報システムに関するセキュリティーポリシーの有無，プライバシーの保護の有無，リスクマネジメント・クライシスマネジメント体制，BCM（事業継続マネジメント）構築，BCP（事業継続計画）構築，企業倫理方針の文書化・公開

社会性	消費者対応部署の有無，社会貢献担当部署の有無，商品・サービスの安全性に関する部署の有無，NPO・NGOとの連携，ESG情報の開示，ISO9000（品質保証）の取得状況，地域社会活動参加実績，教育・学術支援活動実績，国際交流活動実績，CSR調達への取り組み状況，ボランティア休暇，SDGsの目標とターゲット，CSVの取り組み，BOPビジネスの取り組み，東日本大震災の復興支援
財務評価	ROE（自己資本利益率），ROA（総資産利益率），営業キャッシュフロー，流動比率，固定比率，利益剰余金，売上高，当期利益，総資産，有利子負債

出典：東洋経済CSR企業ランキング2017年から筆者が作成。

示責任」「社会・環境配慮責任」「統治責任（含むリスク・マネジメント）」が混在していますが，企業の社会的責任について，具体的に何が求められているかご理解いただけるかと思います（図表2-6）。

2-3　投資家の役割

　この本は，「社会的課題の解決と金融機能の役割」をテーマにしています。そしてこの章は，「企業に対する金融機能」がテーマとなっています。第1章，及び，この章の半分までお付き合いいただきました。そろそろ本題に入っていきます。この章で筆者が言いたいことを，ものすごく簡単に結論を述べてしまうと，**金融機能を通して，「投資家（お金の出し手）は，企業にお金を回すときには，企業の社会的責任を遂行し本業を通して社会に貢献している企業を選ぶ」ことが大切であり，企業にお金を入れた後も，積極的に「投資家は，企業が社会的責任を遂行し，本業を通して社会に貢献することを要請する」ことが大切である**，ということです。投資家は投資時ばかりでなく投資後も，企業に対して大きな影響力を持っており，その影響力で企業を正しい方向へ導くことが大切だということです。

2-3-1 会社のライフサイクルと金融機能

　会社は人類最大の発明の１つであり，「お金が集まりやすく，そして事業の専門家が運営し，なおかつ人間と違い死ぬことはなく，永遠に事業をし続ける組織」であることは述べました。会社の大きな特徴は，人間と違って，条件がそろえばいつまでも生き続けることができるということでした。東京商工リサーチによると2017年現在，日本には100年以上続く企業が３万3,069社あります。大阪府にある㈱金剛組は宮大工集団が発祥ですが578年創業で，企業体として1,400年以上続いています。このように1,000年以上続く場合もある一方，企業統治に失敗した場合や，経営環境が激変するとたちまち倒産や廃業となってしまいます。本来は永遠に続く命をもらったはずの会社ですが，取り巻く環境によってはとても弱い存在なのです。帝国データバンクによれば，会社の平均寿命は37.16歳であり，我々日本人よりもはるかに短くなっています。会社には「創業期」「成長期」「成熟期」「衰退期」があると言われています。これを**会社のライフサイクル**と言います。人間と同じように，誕生し，若いときは急激に成長し，その後は成熟してやがて衰えるということです。金融機能とそのサービスを提供する金融機関はこの会社のライフサイクルにおいていずれも深くかかわっています。創業期においては事業実績

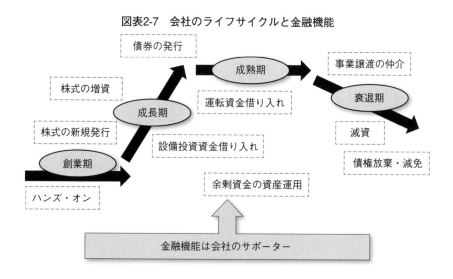

図表2-7　会社のライフサイクルと金融機能

がないので，借り入れをすることが難しく主に株を発行してお金を集めます。金融機関は，ハンズオンと言いますが，投資をした企業の創業時の経営支援を行うことがあります。成長期に入ると事業拡大のために，運転資金の借り入れ，債券の発行，株の発行（増資）を行います。成熟期・衰退期でも運転資金は大切です。また，売上げの低下を補うために余剰資金で資産運用を行うかもしれません。衰退期において，会社を縮小して存続し企業再生をする場合には，減資，金融機関の債権の放棄や減免など金融機能が深くかかわります。会社を譲渡する場合にも金融機関は仲介機能を果たすことがあります。すなわち金融機能は会社が一生つきあう極めて大切な機能であり，会社を応援するサポーターの役割を果たしています（図表2-7）。

2-3-2　インベストメント・チェーン

「金は天下の回りもの」です。そして，金融機能は，「お金を必要とする人とお金を貯めておきたい人との間を取り持ち，社会の血液であるお金を流通させること」，であると第1章で述べました。このお金を専門とする金融機関が扱うお金はもともとどこから来るのでしょうか。もうおわかりだと思います。すべての金融機能の出発点は我々個人のお金にあると言っても過言ではありません。皆さん一人一人のお金が，消費という形で企業に還元され企業に蓄積されます。一部は税金として国に蓄積されます。企業は企業活動を通して，国は行政活動を通してお金を使い，世の中にお金が回ります。金融機関や機関投資家が蓄積しているお金もこの流れの中で運用のプロとして誰かのお金を預かっているに過ぎません。個人ばかりでなく，最初の資金の出し手を**アセット・オーナー**と言います。そしてこのアセット・オーナーから出発して，金融機関（機関投資家）を介してお金が企業に届き，そして企業の様々な活動によってお金に付加価値がつき，再びアセット・オーナーにお金が戻る流れを**インベストメント・チェーン**と呼んでいます。**機関投資家**とは個人や企業などのアセット・オーナーから集まったお金で，アセット・オーナーの代わりに投資を専門に行うプロ集団のことです。保険会社，信託銀行，投資信託，投資顧問，年金基金などが機関投資家の機能を果たしています。インベストメント・チェーンにおいては，お金の出し手であるアセット・

オーナーが金融機関（機関投資家）に影響力を持ち，そして金融機関が企業に対して，議決権行使や対話（エンゲージメント）を通して影響力を持ちます。企業にESG経営をさせるためには，直接の資金の出し手である金融機関（機関投資家）が企業にESG経営を要請することになります。その金融機関を動かすために，アセット・オーナーはESG経営をする会社への投資（ESG投資）を条件に金融機関にお金を預けることになります。逆の言い方をするとアセット・オーナーの意思が金融機能を通して企業経営に反映することになります。筆者は2001年から当時は社会的責任投資（SRI）と呼ばれていた今のESG投資にかかわっていました。当時は現在のようにSRIの本が書店にならんでいることはありませんでした。情報を求めて，国会図書館に行き海外の資料を調べることなどをしていました。なぜSRIが始まったかを調べると，それは明らかにアセット・オーナーの意思でした。「お金の所有者である最初の出し手の意思が金融機能の果たす役割では最も大切だ」と，言われてみればもっともなことなのですが，目から鱗が落ちるようにわかった覚えがあります。

　繰り返しになりますが，投資家の役割はその影響力を生かして，企業が社会的責任を遂行してESG経営を行うことを促すことにあります。

2-4　社会的課題を解決するための企業への金融機能

2-4-1　株式投資

【ESG投資とは】

　株式投資においてESGを意識した投資はESG投資と言われています。**ESG投資とは，株式投資を行う際に，企業経営においてE（環境）S（社会）G（企業統治）を評価して，優れている企業を選択して投資する，または，投資家の影響力で企業にESG経営を遂行させるような投資を言います。**

　ESG投資はもともと先ほど述べた通り，**社会的責任投資**（Social Responsible Investment, **SRI**）と呼ばれていました。次に述べるように，SRIは宗教的価

値観から発生したものであり，今はより汎用性があるESG投資という呼び方に変わっています。

　第1章でも触れましたが，シェイクスピアの有名な戯曲の『ベニスの商人』は16世紀の終わりに書かれています。劇では悪徳の金貸しであるシャイロックが懲らしめられますが，「お金に関して倫理的であるべきだ」という考え方は，おそらく人類がお金を手にしたときからあったことでしょう。『ベニスの商人』の物語の背景にはキリスト教的価値観があると言われています。当時の宗教観がお金に対する価値観に大きな影響を及ぼしています。平成帝京大学教授小方信幸の『社会的責任投資の投資哲学とパフォーマンス』によれば，SRIの起源は17世紀または18世紀に英国キリスト教によって示されたお金に関する規範にあるとしています。その後，1920年代の米国で，キリスト教関連の団体が投資を行うときに，たばこ，ギャンブル，アルコールなどキリスト教の教義に合わない産業を除外していました。このように投資家が，自分の投資方針にそぐわない企業を投資対象から除外することを**ネガティブ・スクリーニング**と言います。なお，ネガティブ・スクリーニングは最初から投資をしないのですが，すでに投資をしていてESGの観点から投資を引き揚げることを第1章でも述べましたが，**ダイベストメント**（Divestment）または**ディスインベストメント**（Disinvestment）と言います。この動きは気候変動に伴う「脱化石燃料投資」という意味で，最近になって使われています。

　ネガティブ・スクリーニングがメインであったSRIですが，社会運動とも結びつき，企業の社会的責任の遂行において優れた企業を選択するようになりました。これを**ポジティブ・スクリーニング**と言います。加えて，投資家の立場から積極的に企業行動を牽制しようという動きも始まり，**企業との対話（エンゲージメント）**もされるようになってきました。

【トリプル・ボトム・ライン】

　1990年代に入ると英国のシンクタンクの創始者であるジョン・エルキントンによって**トリプル・ボトム・ライン**が提唱されます。ボトム・ラインとは損益計算書の一番下の行であり，最終損益を示しています。企業の最終損益は投資家にとって最も大切な指標です。それに社会，環境を加えて，3つの

ボトム・ラインとしました。すなわち最終損益と同じように企業活動の社会面と環境面の活動結果が大切であり，この３方向から企業を評価しようという動きです。エルキントンのトリプル・ボトム・ラインはESGという考え方を初めて企業の情報開示に適用したものでした。

【国連環境計画によるサステナブル金融の３本柱】

1．責任投資原則

　エルキントンのトリプル・ボトム・ラインの考え方を踏襲し，ESGという言葉の生みの親であり，現在のESG投資の基礎となったのが，**責任投資原則**（Principles for Responsible Investment, **PRI**）です。国連環境計画（United Nations Environment Programme, UNEP）における金融部門の金融イニシアティブ（UNEP Finance Initiative, UNEP FI）と国連グローバル・コンパクト（United Nations Global Compact）との共同宣言で，2006年に当時の国連事務総長であるコフィー・アナンの呼びかけで始まりました。環境・社会・企業ガバナンス（ESG）課題が投資のパフォーマンスに影響を及ぼすとして，次の６つの原則を遵守する旨の署名を機関投資家に求めています。

①私たちは投資分析と意思決定プロセスにESG課題を組み込みます。
②私たちは活動的な所有者になり，所有方針と所有慣習にESG問題を組み入れます。
③私たちは，投資対象の主体に対してESGの課題について適切な開示を求めます。
④私たちは，資産運用業界において本原則が受け入れられ，実行に移されるように働きかけを行います。
⑤私たちは，本原則を実行する際の効果を高めるために，協働します。
⑥私たちは，本原則の実行に関する活動状況や進捗状況に関して報告します。

　2018年４月現在，世界で2,006社が署名し，そのうち日本では62社が署名しています。
　ESGの考え方は普遍的でありかつ投資パフォーマンスも考慮していること

から，宗教や社会運動から出発したSRIと区別するために，SRIに代わってESG投資という言葉が一般的になりました。

２．持続可能な保険原則

　保険会社はESGと密接に関連しています。環境問題について言えば，地球温暖化による気候変動の拡大は述べた通りですが，その被害を補償するのは損害保険会社の大きな役割です。しかし，保険は人々の経済活動の１つです。すなわち，人々がお金を出し合いそれを貯めておいて支払いにあてるという相互扶助で成り立っています。しかし，自然災害が大きくなり，この経済活動を上回ることになれば，保険そのものが成り立たなくなります。損害保険会社にとって環境問題は将来的に本業を維持できるかどうかの極めて深刻な課題なのです。

　また，生命保険会社もESGとは無関係ではありません。例えば，貧困による栄養不良や劣悪な衛生環境は人々の病気を蔓延させ死亡率をあげることになります。これを救済するのは生命保険会社役割となりますが，病気や死亡率が高くなりすぎると保険が成り立たなくなります。

　そして，保険会社は投資業務を行う有力な機関投資家であり，ESG投資に強い影響力を持っています。

　国連環境計画・金融イニシアティブは，このようにESGと深いかかわりがある保険会社を対象に2012年6月に**持続可能な保険原則**（Principles for Sustainable Insurance, PSI）を作成して，次の4原則をかかげています。日本では大手生損保が加入しています。

①保険事業に関連する環境・社会・ガバナンス（ESG）問題を意思決定に組み込む。
②顧客やビジネス・パートナーと協働して，ESG問題に対する関心を高め，リスクを管理し，解決策を生み出す。
③政府や規制当局，他の主要なステークホルダーと協働して，ESG問題について社会全体での幅広い行動を促す。
④本原則実施の進捗状況を定期的に一般に開示して，説明責任を果たし透明性を確保していることを示す。

3. 責任銀行原則

　上記の通り，投資業については責任投資原則が作成され，保険業務と投資業務を営む保険会社には持続可能な保険原則が作成されました。最後に融資業務を担う銀行に焦点をあてることにより，2019年9月に作成されたのが，**責任銀行原則**（Principles for Responsible Banking, PRB）です。次の6項目によって構成されています。発足時に167社が加わり日本からもメガバンク3社を含む4社が署名しています。

①SDGsやパリ協定が示すニーズや目標と経営戦略の整合性を取る。

②事業が引き起こす悪影響を軽減し，好影響は継続的に拡大させる。

③顧客に対して世代を超えて繁栄を共有できるような経済活動を働きかける。

④利害関係者に助言を求め連携する。

⑤影響力が大きい領域で目標を立てて開示，実践する。

⑥定期的に実践を検証，社会全体の目標への貢献について説明する。

【日本版スチュワードシップ・コード】

　日本版スチュワードシップ・コードは，「"責任ある機関投資家"の諸原則」として，2014年に金融庁によって制定されました。2017年に改訂されています。これは安倍政権の成長戦略の一環として制定された意味を持っており，「投資先企業の持続的な成長を促す」役割を投資家に期待したものです。スチュワードシップとは執事，財産管理人という意味です。他人から預かった財産を責任を持って管理・運用する人のことです。リーマンショックの後，英国において2010年にスチュワードシップ・コードが制定され，それを模したので，日本版スチュワードシップ・コードと呼ばれています。ESGという言葉は具体的には出てきていませんが，企業との「目的を持った対話」が明記されています。**企業との対話はエンゲージメント**とも言います。今まで株主が自分たちの経営に対する意見を表明するためにしてきたことは，株主総会の時に議決権を行使し，会社決算を承認し，かつ会社経営に当たる取締役を選任することでした。しかし，これだけでは，株主の意見を経営に反映させるには不十分であり，対話（エンゲージメント）という形で双方向のコミュ

ニケーションを図りながら会社を成長させようということです。もし投資家がESGを意識しているのであれば，この対話を通してESGが議論されることになります。原則は7つあり，以下の通りです。

①機関投資家は，スチュワードシップ責任を果たすための明確な方針を策定し，これを公表すべきである。
②機関投資家は，スチュワードシップ責任を果たす上で管理すべき利益相反について，明確な方針を策定し，これを公表すべきである。
③機関投資家は，投資先企業の持続的成長に向けてスチュワードシップ責任を適切に果たすため，当該企業の状況を的確に把握すべきである。
④機関投資家は，投資先企業との建設的な「目的を持った対話」を通じて，投資先企業と認識の共有を図るとともに，問題の改善に努めるべきである。
⑤機関投資家は，議決権の行使と行使結果の公表について明確な方針を持つとともに，議決権行使の方針については，単に形式的な判断基準にとどまるのではなく，投資先企業の持続的成長に資するものとなるよう工夫すべきである。
⑥機関投資家は，議決権の行使も含め，スチュワードシップ責任をどのように果たしているのかについて，原則として，顧客・受益者に対して定期的に報告を行うべきである。
⑦機関投資家は，投資先企業の持続的成長に資するよう，投資先企業やその事業環境等に関する深い理解に基づき，当該企業との対話やスチュワードシップ活動に伴う判断を適切に行うための実力を備えるべきである。

2018年12月現在で日本の234の金融機関が署名しています。

【コーポレートガバナンス・コード】

コーポレートガバナンス・コードは，東京証券所によって2015年に運用が開始されました。2018年に改訂されています。上場企業に対してですが，会社の持続的な成長と価値の向上を目指して，コーポレート・ガバナンス（企業統治）を強化しようとする原則です。日本版スチュワードシップ・コード

と並んで安倍政権の成長戦略の一環であり，この2つのコードは両輪の関係にあります。この原則は①株主の権利・平等性の確保，②株主以外のステークホルダーとの適切な協働，③適切な情報開示と透明性の確保，④取締役会等の責務，⑤株主との対話，の5つからなっています。ESGの観点からはまさにGのコーポレート・ガバナンス（企業統治）そのものを強化する原則です。また，原則②の「株主以外のステークホルダーとの適切な協働」においては，「上場会社は，会社の持続的な成長と中長期的な企業価値の創出は，従業員，顧客，取引先，債権者，地域社会をはじめとする様々なステークホルダーによるリソースの提供や貢献の結果であることを十分に認識し，これらのステークホルダーとの適切な協働に努めるべきである。取締役会・経営陣は，これらのステークホルダーの権利・立場や健全な事業活動倫理を尊重する企業文化・風土の醸成に向けてリーダーシップを発揮すべきである」とあり，S（社会）を意識した内容になっています。

【伊藤レポート】

　経済産業省は，2014年に，研究会の座長である一橋大学伊藤教授の名前を冠した，「伊藤レポート」（「持続的成長への競争力とインセンティブ〜企業と投資家の望ましい関係構築〜」プロジェクト）を発表しています。この中で，日本企業の状況を分析して，資本生産性を高めるために日本型ROE経営や企業と投資家の対話促進に向けた政策提言を行っています。**ROE（Return On Equity，株主資本利益率）** とは，資本金に対してどれだけ効率的な経営をしてきたかがわかる指標のことです。日本では最終損益の額に注目されることが多く，また，株主が会社のオーナーであるにもかかわらず経営者が会社は自分のものであると錯覚して株主への利益還元をあまり意識しない経営を行ってきました。この結果，日本企業のROEは世界的に低い水準にあります。一方，世界の投資家はこのROEに注目して投資先を検討することが多く，それが企業成長につながっています。伊藤レポートでは日本においてもROEを重視するROE経営を提言し，その重要な方法論として企業と株主の対話（エンゲージメント）を提言しています。

　その後2016年に「伊藤レポート2.0」（「持続的成長に向けた長期投資（ESG・

無形資産投資）研究会」報告書）を作成・公表しました。この中で，無形資産に対する戦略投資の重要性が高まっていること，ESGについては投資家の間で長期リスク要因として見るコンセンサスが存在すること，日本企業は世界的に見てPBRが低いことを指摘しています。**PBR（Price to Book Ratio, 株価純資産倍率）**とは会社の純資産に対しての株式発行の時価総額の倍率を言います。PBRが高いということは，会社に自分の資産を有効利用する能力があると投資家が評価して高い株価を付けていることになります。一方，世界的にPBRが低いとは，日本企業は多くの資産を持っているのに，投資家からはそれを有効活用する能力がないと評価されているということです。このような課題認識を踏まえ，投資家等と会話するための「ガイダンス（価値協創ガイダンス）」を提言しています。

このようにESG投資は，社会的責任投資（SRI）で始まり，エルキントンのトリプル・ボトム・ラインを経て，国連による責任投資原則（PRI）でESGの概念が定着し，日本の成長戦略ともあいまって，日本版スチュワードシップ・コード，コーポレートガバナンス・コード，及び伊藤レポートによって，おのおのESG投資を加速させている流れとなっています。株式投資における

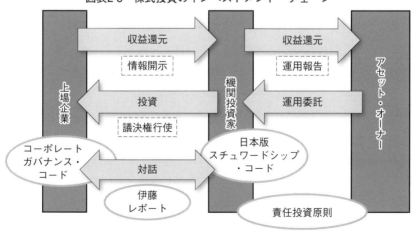

図表2-8　株式投資のインベストメント・チェーン

インベストメント・チェーンと投資に関する各原則の関係を図に示すと図表2-8のようになります。

【拡大するESG投資】

　世界的にはESG投資の残高は急激に増えています。社会の持続可能性を配慮した投資全般のことを**サステナブル投資**と呼んでいます。ESG投資はサステナブル投資に含まれています。ESG投資は主に株への投資のことですが，サステナブル投資にはその他の投融資が含まれます。ここでは，大きな流れを見ていただくために，ESG投資とサステナブル投資をほぼ同義としてご理解いただければ良いと考えます。日本におけるサステナブル投資を推進している「NPO法人日本サステナブルフォーラム」では，サステナブル投資を「投資分析や投資ポートフォリオの決定プロセスに，環境，社会，ガバナンス（ESG）などの課題を勘案し，投資対象の持続性を考慮する投資」と定義しています。世界のESG投資を推進する機関の国際的な集まりである世界持続可能投資連合（Global Sustainable Investment Alliance, GSIA）がまとめたレポート「2018 Global Sustainable Investment Review」によると，2018年における世界のサステナブル投資の残高は30兆6,830億ドル（約3,380兆円）となっています。2016年に比べて2年間で34%伸びています。一般社団法人投資信託協会によると2018年6月末の世界の投資信託の残高は49兆3,900億ドル（約4,900兆円）です。投資信託とは，個人を中心に集めたお金をプロの機関投資家が投資信託を組成して株式投資を行う方法です。もちろん，ESG投資がすべて投資信託の形態を取っているわけではありませんが，すでに世界の株式投資においてかなりの部分においてESG投資が行われていると考えられます。

　日本はどうでしょうか。NPO法人日本サステナブル投資フォーラムの『サステナブル投資残高調査』によると2018年3月末のサステナブル投資の残高は231兆9,523億円となっています（図表2-9）。2017年の残高は136兆5,359億円だったので，1年間で残高が1.7倍となっています。これは，2014年の日本版スチュワードシップ・コードと2015年のコーポレートガバナンス・コードの制定を受け，日本の投資家がESG投資を含めたサステナブル投資に強い関

図表2-9　ESG（サステナブル）投資の残高

国・地域	2016年（10億ドル）	2018年（10億ドル）	増加率（%）
欧州	12,040	14,075	＋16.9
米国	8,723	11,995	＋37.5
カナダ	1,086	1,699	＋56.4
豪州・ニュージーランド	516	734	＋42.2
アジア（日本を除く）	52	NA	NA
日本	474	2,180	＋360.0
合計	22,890	30,683	＋34.0

出所：GSIA "2018 Global Sustainable Investment Review"。

```
日本のサステナブル投資残高（2018年3月末）
231兆9,523億円
```

出所：NPO法人日本サステナブルフォーラム『サステナブル投資残高調査2018』。

心を示して残高を増やしています。特に，我々の公的年金の運用機関であり日本で最大の機関投資家である年金積立金管理運用独立行政法人（Government Pension Investment Fund, GPIF）が，2015年にPRIに署名し，2017年からESG投資を開始したことは大きな話題となり，日本のESG投資の増大に大きな影響力を及ぼしました。日本サステナブル投資フォーラムによれば，2018年における，総運用資産残高に占めるサステナブル投資の割合は41.7%となっています。これは2016年では16.8%にすぎなかったことに比して大きな伸びを示しています。

　但し，金額では急拡大を続けているものの，日本では，まだまだ全体の投資業務において，ESG投資を含むサステナブル投資は一般的ではありません。GSIAのデータによれば，世界のサステナブル投資全体の残高に比べ日本のサステナブル投資残高は15分の1を占めるにとどまっています。地域別に見ても，2018年比較で言えば日本のESG投資残高は，欧州の7分の1，米国の6分の1です。筆者は金融機関に属する様々な方々とお目にかかる機会があります。その時にESG投資を話題にすることはありますが，一部大手の先進的な金融機関を除き，皆さんが日頃接するような一般的な金融機関の方々は

図表2-10　サステナブル投資の分類

分類名	内容
1.　ネガティブ・スクリーニング	投資家が持つESG基準によって特定の産業，会社を除外する
2.　ポジティブ・スクリーニング	ESG推進において優位な産業，会社，プロジェクトに投資する
3.　規範ベース・スクリーニング	国際基準に照らしてその遵守状況を見て投資する
4.　ESGインテグレーション	投資の意思決定においてESGの要素を考慮する
5.　持続可能テーマ投資	クリーンエネルギーや環境技術など，持続可能な社会の実現に貢献することをテーマにして投資する
6,　インパクト/コミュニティー投資	社会的課題を解決することを目的にして投資する
7.　エンゲージメント/株主行動	株主の影響力を使って企業のESG経営を促進する

出所："2018 Global Sustainable Investment Report" を参照に筆者が作成。

ESG投資については言葉だけを知っているという程度の印象です。金融のプロでさえこのような状態です。ましてや一般の個人投資家がESG投資を意識するには至っていません。だから本書で皆さんにESG投資をご説明する意味があると思っています。

　なお，一口にサステナブル投資といってもその内容，すなわち投資家がESGに対する考え方を反映して投資する方法は様々です。前述の世界持続可能投資連合（GSIA）は，世界のサステナブル投資を次の7つの形態に分類しています（図表2-10）。

【ESG投資の投資パフォーマンス】

　これからの企業経営においてESGが重要であることは何度も述べてきたところです。では，ESG投資をした場合，ESGを顧慮しない投資に比べてパフォーマンスはどのようになるのでしょうか。これについては社会的責任投資（SRI）と呼ばれていたときから様々な研究がなされています。結論から言いますと，**ESG投資のパフォーマンスはESGを考慮しない投資に比べて，概ね良好であるが，しかしいつもそうとは限らない**，ということです。

　責任投資原則（PRI）は2018年に2月に「アメリカにおけるESGインテグ

レーション投資は，ESGを考慮しない投資に比べてパフォーマンスが良好である」というレポートを発表しています。大和総研も2016年に「女性管理職の比率が高い企業への投資のほうが，パフォーマンスが良好である」という結果を公表しています。一方，ESG投資にも一般の株式と同じようにインデックスがあります。アメリカの金融サービス会社のモルガン・スタンレイ・キャピタル・インターナショナル社のMSCI ESG Indexes，アメリカの新聞社のダウ・ジョーンズ社のDJSI（Dow Jones Sustainability Indices），イギリスの新聞社のフィナンシャル・タイムズ社のFTSE4Good Index Seriesなどがあります。このインデックス比較でいうとESG投資のインデックスがかならずしも普通のインデックスを上回っているわけではありません。

　筆者はかつて外国株のファンドマネージャーをしていましたが，株価の変動はある意味不可解で，短期的にはあまり理論が通用しません。株価というのは時に理論的ですが，時に感情的です。また，株式市場は同じ時に同じ株に対して売る人と買う人という正反対の判断をする人がいることで成り立っています。だから企業評価は様々な基準で行えば良いと思っています。企業評価をする場合，理論的に判断するサイエンスが50％，投資家の直感や価値観で判断するアートが50％と思っています。これが私の持論です。投資においてESGを考慮することは極めて重要です。ただ，短期的にはそのまま投資収益に結び付くほど株価は単純ではないと考えます。しかし，長期的には正しい投資（この場合，ESG投資）は報われると考えています。第1章や企業の社会的責任で述べたように，グローバルに環境リスクや社会的リスクが高まっている状態において，ESG投資のリスクは通常の投資に比べ低く抑えられるはずです。仮に投資収益が同じであれば，リスクとリターンのトレードオフの関係においてESG投資は有利だと考えます。投資収益も大切ですが，未来社会のあるべき姿を考え，そこから，企業の使命や投資家の使命を考え，ESGを議論することの方が重要です。そしてその結果として投資収益がついてくると思っています。

　ここで特筆したいのは，かつて社会的責任投資（SRI）と言われていた10年くらい前までは，ESGまたは企業の社会的責任（CSR）を経営に考慮することは企業業績を引っ張るコストであると考えている人が多くいました。し

かし，現在では，日本版スチュワードシップ・コードやコーポレートガバナンス・コードの制定にあるように，ESGは企業の成長戦略のツールであると考えられています。筆者が機関投資家の立場で社会的責任投資（SRI）を始めたのは2001年でした。機関投資家としての受託者責任はパフォーマンスを最大にすることありました。企業にとってCSRはコストなので，投資パフォーマンスを阻害する要因であり，社会的責任投資（SRI）を行うことは受託者責任を全うしていないという批判がありました。今では考えられないことです。

2-4-2 社会的課題の解決をビジネスチャンスとする企業経営の進展

　今までは，株式投資家の立場から企業にESG経営や企業活動によって社会的課題の解決を促す視点を述べました。一方で，**企業が社会的課題を解決することにビジネスチャンスがあるとする考えが台頭してきています**。すでに述べたように，筆者は会社の存在意義は「本業を通して人を幸せにする」ことにあると考えています。その意味においては，社会的課題の解決をビジネスチャンスと考えることは当然の帰結であり，昔から意識するしないにかかわらず行われてきたと思っています。筆者はかつて損害保険会社に勤務していました。世の中に損害保険がなければ，自動車事故の被害者は加害者に資力がなければ泣き寝入りするしかありません。火事によって焼失した家も建て直すことができません。世界で最初に保険を始めた会社は，社会的課題を解決し，かつビジネスチャンスとしたわけです。保険会社に限りません。世の中で必要とされるビジネスは，仮にそのビジネスがなかったら大きな社会問題となっているはずです。

　しかし，このように企業の本業遂行に社会的意義があっても，今までの経営の考え方としては，企業の存在意義は利益をあげることにあるという考え方が主流でした。そのため企業経営における環境配慮やCSRへの配慮は後回しでした。環境を破壊しても人権を無視しても利益をあげることを優先させました。しかし，時代の進展とともに，環境問題と貧困問題を筆頭に，世界的に社会的課題が深刻化し，その解決が叫ばれています。そしてこの大きな社会的課題の解決がビジネスチャンスと考えられるようになりました。第1

章で述べたSDGs（持続可能な開発目標）においても企業にその役目が期待されています。

　ハーバード大学大学院教授のマイケル・ポーターが提唱した概念に**CSV経営**（Creating Shared Value, 共通価値の創出）があります。ポーターはその著書『共通価値の戦略』において，CSVを「社会のニーズや問題に取り組むことで社会的価値を創造し，同時に，経済的価値が創造されるというアプローチである」としています。CSVとは営利企業がその本業を通じて社会的問題解決と経済的利益をともに追求し，かつ両者の間に相乗効果を生み出そうとする試みと言えます。

　CSV経営は，現在ある企業が利益主義から脱却し，新しい試みとして社会的課題を解決することにビジネスチャンスを見いだすことを主にさしています。一方，最初から社会的課題を解決するための事業体を立ち上げ，新事業として挑戦しようとする企業家のことを**社会的企業家**（ソーシャルアントレプレナー，Social Entrepreneur）と言います。ベンチャー企業のようにまったく新しく立ち上げる，大企業が一部門として立ち上げる，非営利法人（NPO）が営利部門として立ち上げる，など様々な形態があります。

　第5章で再度その成功要因について述べますが，発展途上国の問題の解決を，今までのように国やNGOの支援で行うのではなく，途上国にビジネスを起こし持続可能な形で解決しようとするビジネス形態を**BOPビジネス**と言います。BOPとは "Base of the Economic Pyramid" の略です。縦軸を所得，横軸を人口数として，世界の人々を配分すると，ピラミッドのような形になります。BOPとは，ピラミッドの下の方にいる人々であり，年間所得が購買力平価で3,000ドル以下の層を言います。BOPには世界人口の3分の2が属しています。アメリカの経営学者であるプラハラードとハートによって唱えられました。また，**インクルーシブ・ビジネス**は，持続可能な開発のための経済人会議（World Business Council for Sustainable Development, WBCSD）によって唱えられた概念です。BOP層を対象にしたビジネスにおいて，ビジネスのバリューチェーンの中に地域社会で暮らす人々（主に貧困層）を消費者，顧客，取引先，起業家などとして巻き込み（インクルードし）ながら，事業の発展だけではなく雇用の創造や所得水準の上昇などを通じてコミュニ

ティー全体の発展を図るビジネスの手法のことを指します。

　コーヒーのネスカフェやチョコレートのキットカットなどで知られるネスレ社があります。スイスに本拠を置く世界最大の食品メーカーです。ネスレ社では，明確にCSVを経営方針にかかげています。「ネスレは，株主の皆さまと社会全体のために価値を創造することが，企業としての長期的な成功につながると考えています。共通価値の創造（CSV）と呼ばれるこのアプローチが，ネスレの事業活動における原則です。共通価値の創造によって，生活の質を高め，さらに健康な未来づくりに貢献しますというネスレの存在意義は現実のものとなります」としたうえで，微量栄養素が足りない66カ国に対して栄養強化食品飲料を販売し途上国の健康に貢献するとともに，健康食品分野の増大によって投資家にも貢献するとしています。

　石鹸のラックスや紅茶のリプトンで知られるユニリーバ社があります。イギリスとオランダに本拠を置く世界有数の一般消費財メーカーです。同社は，ユニリーバ・サステナブル・リビング・プランを導入し，この取り組みをユニリーバのビジネスの中核としています。環境や社会に配慮した製品を提供することによって，成長を加速させ，コストを削減し，リスクを低減し，信頼を得ることができたとしています。その結果として，6億人以上の人々の健やかな暮らしを支援，パーム油，紙，紅茶など原材料となる農作物の半分以上で持続可能な調達を実現，小規模農家や小規模小売り向けプログラムなどを通し何百万人もの人々の暮らしを改善することができたとしています。

　日本の住友化学の「オリセットネット」はBOPビジネスの成功例としてしばしば取り上げられています。住友化学では，住友の事業精神の特徴は，「自利利他公私一如」であるとして，それは「住友の事業は自社の発展のみではなく，社会にも貢献するものでなければならない」という意味だとしています。その具体的な事業例がマラリア予防のために開発した蚊帳「オリセットネット」による事業展開です。「オリセットネット」とは，防虫剤を練り込み薬剤を徐々に表面にしみ出させることによって，マラリアを防止する蚊帳のことです。2001年には世界保健機関（WHO）から世界で初めて長期残効型蚊帳としての効果が認められ，使用が推奨されています。現在，国連児童基金（UNICEF）などの国際機関を通じて，80以上の国々に供給されています。

また，タンザニアでA to Z社と協同で現地生産を開始して，7,000人の雇用を生み出しています。

　このように，CSV経営，社会企業家，BOPビジネス，インクルーシブ・ビジネスなど，呼び方は様々ですが，世界的に先進的な企業は利益至上主義から脱却し，社会的課題の解決にビジネスチャンスを得る方向に向かっています。

2-4-3　債券投資

【株と債券の違い】

　まずここで，株と債券の違いをおさらいしておきましょう。株は会社の設立時やお金が必要になったときに会社によって発行されます。株の発行によって調達した資金は，会計上は自己資本といって投資家に返す必要はないお金となります。投資家は株主となり会社のオーナーの一員となります。投資家が換金したい場合，通常は第三者に譲渡しなければいけません。会社が倒産すれば単なる紙くずとなります（今は，紙として株券を発行しませんので，正確には株主としての権利が消滅します）。仮に売る場合でも上場株であれば株価は常に変動するので，出資した金額が必ず戻るという元本保証はありません。また，会社に利益があれば，株主に配当が支払われますが，利益がなければ通常配当は支払われません。このように株は投資家にとってはリスクが高いものですが，一方で株主は会社のオーナーであり，議決権の行使や対話（エンゲージメント）を通して，会社に強い影響力を行使することができます。

　一方，債券（ボンド）は第三者に譲渡することができる貸付金のようなものです。通常は元本保証があり期日が来れば元本が戻ってきます。また，その間約束された利息も支払われます。リスクは株に比べて低く，その意味で，株と違って債券を発行する母体に対しての投資家の影響力は大きくありません。投資家としては，債券を発行する母体の信用力や発行目的が重要となっています。

【社会貢献型債券】

　債券投資においても，ESGを意識した債券や社会的な課題の解決を目的とした債券が発行されています。以下で説明しますが，様々な種類の債券を総称して**社会貢献型債券**と呼んでいます。

　従来から，社会公共性がある債券は，加盟国の開発プロジェクトの資金調達のために発行されていました。例えば，第2次世界大戦からの復興を目指して設立された国際復興開発銀行（International Bank for Reconstruction and Development, IBRD）とそれを含む世界銀行グループや，同様の目的を持ったアジア開発銀行など，国際的な金融組織が主な発行体です。しかし，これは主に機関投資家が引き受けることを前提としており，発行目的も公共事業やインフラ整備など全般的な開発を目的としたものでした。これに対して近年，社会的課題を解決することを明確に目的として，よりテーマを絞り，また個人投資家も参加できるような形で社会貢献型債券が発行されるようになりました。

　社会貢献型債券において先進的な大和証券の扱い例としては，開発途上国の子どもたちへのワクチン普及活動を支援するワクチン債，貧困者向けのマイクロファイナス（小規模金融）を支援するマイクロファイナンスボンド，地球温暖化対策事業を支援するグリーンボンド，同じように再生可能エネルギーやエネルギー効率化プロジェクトを支援するエコロジーボンド，中南米における貧困対策事業を支援する中南米子育て支援債，アフリカにおける教育関連プロジェクトを支援するアフリカ教育ボンド，途上国における持続可能な農業ビジネスの発展を支援するアグリボンド，途上国における水関連事業を支援するウォーターボンド，途上国における女性起業家に対する融資事業を支援する女性の力応援ボンド，BOPビジネスを支援するインクルーシブビジネスボンドがあります。また独立行政法人国際協力機構（Japan International Cooperation Agency, JICA（ジャイカ））では，開発途上国に対しての有償資金協力に活用するためのJICA債を発行しています（図表2-11）。

【ソーシャルインパクト・ボンド】

　近年新しい形で導入されるようになったのが**ソーシャルインパクト・ボン**

図表2-11　社会貢献型債券（社会的課題の解決を目的とした債券の発行）

ワクチン

環境保全・温暖化対策

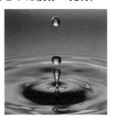

水資源

教育・子育て

農業・食料

マイクロファイナンス
BOPビジネス

ドです。ソーシャルインパクト・ボンド（Social Impact Bond, 以下SIB）とは，官民連携の新しい形であり，民間資金や民間ノウハウを活用して社会課題解決型の事業を実施して，その事業成果（社会的コストの効率化部分）を支払いの原資とするものです。ボンド（債券）と呼ばれていますが，元本保証があるわけではなく，事業のために資金調達をするプロジェクトファイナンスの性格を持っています。もう一つの大きな特徴は，社会的課題の解決による成果を金銭的に数値化して評価することにあります。成果は行政コストの削減となります。削減された行政コストは自治体が成果報酬としてSIB運営組織に支払い，それが投資家への資金還元の原資となります（図表2-12）。

　世界最初のSIBはイギリスで受刑者の再犯防止とその結果による行政コストの削減を目的として，2010年に導入されています。イギリス中部にあるピーターバラ刑務所から釈放された18歳以上の男性のうち，12カ月以内の短期受刑者の再犯率減少を目的に実施されました。SIBによって職業訓練やメンタルヘルス支援など多様なプログラムが提供されました。イギリスではこれを皮切りに，職業訓練などを行う就労支援，データーベースを使って効率的なサービスを行うホームレスの自立支援，子どもの養育環境を整える児童養

図表2-12　ソーシャルインパクト・ボンド（官民連携の社会的課題解決型事業）

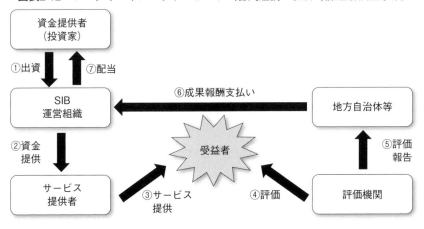

護などの目的でSIBが導入されています。アメリカでは2013年にニューヨークの再犯防止を目的としてSIBが導入され，ヨーロッパやカナダでも導入が進んでいます。

　わが国では，2017年5月に八王子市が大腸がん検診受診率向上を目的としてSIBを導入し，大腸がん検診未受診者の健診関連データ，がん検診関連データなどから大腸がんのリスクが高い要因（飲酒，肥満等）を分析し，早期がん発見者数の増加を目指しています。2017年7月には，神戸市が糖尿病性腎症等の罹患者で人工透析に至るリスクが高い人を対象に，受診勧奨及び保健指導を実施し重症化を予防することを目的としてSIBが導入されています。

2-4-4　融資

　融資業務を担うのは主に銀行です。会社にとって銀行とのお付き合いが，金融機関とのお付き合いの中で最も一般的であり，かつ最も重要です。会社を描いたテレビドラマでは，銀行が会社に対して大きな影響力を持っているように描かれています。融資を引き上げられて経営危機に追い込まれたり，逆に主人公の仕事への熱意が銀行に伝わり融資を受けられるようになり経営危機から脱出したりしています。ドラマですから誇張して描かれていますが，融資業務を中心として日常業務において銀行が会社に大きな影響力を持ってい

るのは事実です。金融庁は地域密着型金融（リレーションシップ・バンキング）を政策にかかげ，特に中小の金融機関に対して地元企業や地域と密着した金融機能の発揮を求めています。

【エクエーター原則】

　民間金融機関が大規模な開発や建設のプロジェクトに融資を実施する場合，プロジェクトが自然環境や地域社会に与える影響に十分配慮して実施されることを確認する枠組みとして**エクエーター原則**（Equator Principles，**赤道原則**）があります。環境や社会的課題への配慮の気分が高まる中，世界銀行グループのような多国間開発金融機関は1990年代までにそれぞれ独自のガイドラインを持っていました。一方，民間の金融機関についてもガイドライン策定の必要があることから，シティバンク，ABNアムロ銀行，バークレイズ銀行，ウエストエルビー銀行の民間4行と国際金融公社（International Finance Corporation, IFC）が協同で2003年にエクエーター原則として策定しました。最初はグリニッジ原則と呼ばれていましたが，北半球，南半球を問わずグローバルに適用する原則という意味を込めてエクエーター原則（赤道原則）に名前があらためられました。2006年と2013年に改訂が行われています。エクエーター原則は，全部で次の10の原則で構成されています。

原則１：レビュー，及びカテゴリー付与
原則２：環境・社会アセスメント
原則３：適用される環境・社会基準
原則４：環境・社会マネジメントシステムと，エクエーター原則／赤道原則
　　　　アクションプラン
原則５：ステークホルダー・エンゲージメント
原則６：苦情処理メカニズム
原則７：独立した環境・社会コンサルタントによるレビュー
原則８：誓約条項（コベナンツ）
原則９：独立した環境・社会コンサルタントによるモニタリングと報告の検証
原則10：情報開示と透明性

大規模プロジェクトへの融資に際し，この10原則すべてを満たすことが要求されます。この原則に則り，エクエーター原則の採択銀行は，「国際金融公社（IFC）パフォーマンス基準」や「世界銀行グループEHS（環境・衛生・安全）ガイドライン」に従って，具体的な独自のガイドラインを作成します。採択銀行が参考とする，国際金融公社（IFC）のパフォーマンス基準（環境省訳）は，次の8の基準となります（図表2-13）。

図表2-13　エクエーター原則で考慮される項目（国際金融公社のパフォーマンス基準）

出所：国際金融公社ホームページ。

基準1：社会・環境評価及び管理システム
基準2：労働者と労働環境
基準3：資源効率性及び汚染防止
基準4：地域社会の保健，安全及び治安
基準5：用地取得と非自発的移転
基準6：生物多様性の保全と持続可能な自然資源管理
基準7：先住民族
基準8：文化遺産

　日本の銀行5行を含む採択銀行は90行となっています。みずほ銀行のホームページによると，新興国市場における国際的なプロジェクトファイナンス

の約70%がエクエーター原則の採択銀行によってアレンジされていると言われており，プロジェクトファイナンスの分野においては，エクエーター原則が，民間金融機関の事実上の標準となっています。

【21世紀金融行動原則】

　ESG投資のところで，国連の責任投資原則を受け，日本版スチュワードシップ・コードやコーポレートガバナンス・コードが策定されたことを述べましたが，金融機関全般について環境省によって，持続可能な社会の形成に向けた金融行動原則（通称：**21世紀金融行動原則**）が2011年にまとめられています。日本の金融業界の役割は2つあるとしています。第1の役割は，日本自体を持続可能な社会に変えることへの貢献です。そのためには，生活基盤の安全を確保するための災害対応はもちろん，地域や国内産業が持続可能性を高め競争力を強めていくことをサポートする必要があるとしています。第2の役割は，グローバル社会の一員として地球規模で社会の持続可能性を高めることへの貢献です。そのためには，UNEP FIなどの国際的なイニシアティブと連携し，世界の環境・社会問題の解決に取り組んでいかなければならないとしています。まさに金融機関は持続可能な社会の実現に内外を問わず貢献すべきとしています。そのためには次の7原則を実践することを掲げています。

①自らが果たすべき責任と役割を認識し，予防的アプローチの視点も踏まえ，それぞれの事業を通じ持続可能な社会の形成に向けた最善の取組みを推進する。
②環境産業に代表される「持続可能な社会の形成に寄与する産業」の発展と競争力の向上に資する金融商品・サービスの開発・提供を通じ，持続可能なグローバル社会の形成に貢献する。
③地域の振興と持続可能性の向上の視点に立ち，中小企業などの環境配慮や市民の環境意識の向上，災害への備えやコミュニティー活動をサポートする。
④持続可能な社会の形成には，多様なステークホルダーが連携することが重

要と認識し，かかる取組みに自ら参画するだけでなく主体的な役割を担う
よう努める。

⑤環境関連法規の遵守にとどまらず，省資源・省エネルギー等の環境負荷の
軽減に積極的に取り組み，サプライヤーにも働き掛けるように努める。

⑥社会の持続可能性を高める活動が経営的な課題であると認識するとともに，
取組みの情報開示に努める。

⑦上記の取組みを日常業務において積極的に実践するために，環境や社会の
問題に対する自社の役職員の意識向上を図る。

　21世紀金融行動原則には2019年4月現在，272機関が署名しています。

【ESGに配慮した銀行の取組み事例】

　銀行が社会的課題を解決するために，具体的にどのような形でESGに配慮
した融資業務を行っているのか見てみましょう。

　日本政策投資銀行（Development Bank of Japan，以下DBJ）は政府系金
融機関であり公共性が高い融資業務を行っている銀行です。DBJでは2004年
から「DBJ環境格付融資制度」を開始しています。銀行が融資の可否，及び
融資をする条件を決定する際は，定性面，定量面の両面から審査が行われま
す。経営者の資質や事業内容やその将来性，資金使途の内容，担保の有無，財
務的な安定性，収益性，会社のキャッシュフローと返済能力など様々な角度
から検討を行います。これを融資審査と言いますが，DBJ環境格付融資制度
はこれに「環境スクリーニング」を加えて，優良な企業は特別金利を適用し
て優遇しようとするものです。企業の環境経営度を評価してそれを金利条件
に反映させるという点では，世界初の融資制度です。環境スクリーニングの
内容としては，製造業の場合，企業経営全般のマネジメントに加え，生物多
様性，地球温暖化対策，資源有効利用対策，水資源対策，化学物質管理など
環境面を評価しています。また，融資実行後もモニタリングを継続して行い，
その結果をフィードバックするなど，融資先へのサポートを続けるようにな
っています。同じくDBJでは，このような格付け，モニタリング，フィード
バック手法を使いながら，社会的な課題の解決を目的とする融資をDBJ評価

融資制度として環境以外にも行っています。大規模災害時における企業の防災力と事業の継続性を管理するBCM（Business Continuity Management, 事業継続マネジメント）を評価し格付けを行う「DBJ BCM格付融資制度」や，従業員の健康増進を重視し，健康管理を経営課題として捉え，その実践を図ることで従業員の健康の維持・増進と会社の生産性向上を目指す経営手法である健康経営を格付けする「DBJ健康経営融資制度」を展開しています。

国内最大手の銀行である三菱UFJ銀行は，国の支援制度を活用した環境・エネルギー産業分野の融資商品として，環境省の制度を活用して，環境格付の取得，CO_2削減目標の誓約・達成を条件とした「環境経営支援ローン」（1％利子補給金対応型）」，同じく環境省の制度を活用して，地球温暖化対策のための設備投資を目的とする「グリーンプロジェクト支援ローン（1.5％利子補給金対応型）」，及び，経済産業省の制度を活用して，省エネ設備を導入することを目的とした「エネルギー使用合理化支援ローン（通称：エネ合ローン）」を展開しています。また，個人向け商品としては，環境に配慮した住宅購入やリフォームに対しては金利優遇サービスを行っています。

地方の銀行では大垣共立銀行がユニークな取り組みを展開しています。大型車両を銀行業務が行えるように改造して4台を移動店舗として保有しています。高齢化社会が進展する中，銀行の店舗がない地域に対応するためや，非常時に銀行機能を確保するためばかりでなくAEDや携帯電話の充電機能を備えたものとなっています。また，女性の社会進出や地位向上のために，女性を応援する「L's（エルズ）プロジェクト」を立ち上げています。女性向けローンを商品として取りそろえ，「女性専用住宅ローン」「不妊治療関連ローン」「「デキル」をふやす女性専用ローン（資格取得や習い事を応援する）」「女性のための離婚関連専用ローン」「シングルマザー応援ローン」を開発し展開しています。

2-5　時代の変化とこれからの企業向け金融

　本章では，社会的課題を解決するための金融機能について，企業向け金融の流れとその実際例を見てきました。

　国連ではSDGsを目標にかかげています。日本政府はESGに配慮した企業経営とESG投資を日本の成長戦略として考えています。これらはトップダウンの方向です。一方，市民側からのボトムアップの方向においても，今後は人々の社会的課題への関心は今以上に強くなっていくと考えます。環境問題は日頃マスコミを賑わしていますし，学校教育においても積極的に環境教育が実施されています。社会的課題を解決するための組織で代表的なものに**特定非営利活動法人（Non Profit Organization，以下NPO）**があります。NPOという呼び方は日本独特のものです。日本では，主に国内向けの活動を行っている団体をNPOと呼び，発展途上国を中心とした海外支援を行っている団体をNGO（Non Governmental Organization, 以下NGO）と呼ぶことが多いようですが，国際的には単にNGOです。日本におけるボランティア活動は1995年1月に起きた阪神淡路大震災が大きな転機になったと言われています。この震災時にはたくさんのボランティアの人々が現地に駆けつけました。彼らを国が法制度で支援しようと制定したのが，1998年に施行された特定非営利活動促進法（NPO法）です。この法律がきっかけとなりNPO法人が急激に増えました。ここ数年は横ばいですが，内閣府によれば2019年9月末のNPO法人数は52,531となっています。NPO法ができて20年間で5万以上のNPOが設立されました。内閣府によれば現在ではNPOの16％が休眠状態となっています。その他活動実体が不明確な法人を差し引くと実質的には約4万のNPOが活動しています。NPOのブームはおさまりましたがNPO活動は社会に定着したとも言えます。このことは，法制度の整備ばかりでなく，時代の変化が大きく関連しています。まずは，行政や企業に対する人々の失望があります。残念ながら行政は相変わらず非効率な仕事や税金の無駄遣いをしています。行政に任せても社会的課題が解決しないので自分たちで立ち上がる動きです。企業も不祥事が絶えません。市場に任せておくと利益偏重主

義の行動を取り，ますます社会的課題を深刻化させるかもしれません。行政や企業に任せられないという市民感覚の台頭です。次に，高齢化社会の到来です。戦後すぐに生まれた団塊の世代と呼ばれる人々が第一線からしりぞき，退職後の時間をボランティア活動にあてるようになりました。団塊の世代の人々はその青春時代を学生運動に捧げた人も多く，他の世代に比べて社会的な問題に関心があります。そして女性を含めた高学歴化の進展も関係しています。日本の大学進学率は戦後一貫して伸び続けています。これは女性において顕著です。世界的な傾向でもあるのですが，一般的に高学歴の人は社会的課題への関心も高いと言えます。特に女性は男性よりも日常的な社会的課題とその解決に強い関心を持っている人が多くいます。筆者も仕事柄様々なNPOの方々とお付き合いをしてきました。その中で，極めて優秀な女性がNPO活動にたずさわり，活躍されているケースが多いように感じています。

　このように，市民側において社会的課題の解決に関心が高まっています。しかし，金融機関サイドではまだまだ関心が低いというのが筆者の考えです。本章で様々な事例を取り上げましたが，これは一部の先進的な事例です。金融機関全般が社会的課題に関心を持つことはこれからでしょう。ましてやCSV経営のように社会的課題の解決が今後のビジネスチャンスにつながっていると考える金融機関の人々はまだ少数だと思っています。残念ながら，金融機関の役職員は社会的課題の解決よりも目先の営業数字にとらわれているのが現状と思われます。しかし，国連主導ですがSDGsについては金融機関に浸透しつつあります。日本政府も日本版スチュワードシップ・コードやコーポレートガバナンス・コードなどによって金融機関の意識を変革しようとしています。筆者は金融機関にいたのでわかるのですが，金融機関の人は自ら積極的に創造的な変革をすることは苦手なようです。しかし，お上からの指示があれば組織として決まった行動を着実に実行することは得意な人が多いと思います。ゆえに，組織のトップの意識が変われば組織の行動が変わることは早いと思います。金融庁など監督官庁の圧力によって変革が行われることも有効であると考えます。金融機関には優秀な人材が集まっていますので，今後の金融機関の変貌には大いに期待したいところです。

　最後に投資家の意識の流れを見てみましょう。大手の機関投資家にはまだ不

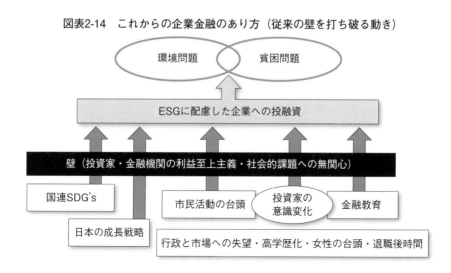

図表2-14　これからの企業金融のあり方（従来の壁を打ち破る動き）

十分とはいえESGを重要視する動きが出てきています。前にも述べたように筆者が投資業務をしていたときとは隔世の感があります。しかし，最初の資金の出し手である個人投資家のESGに対する意識はまだまだです。個人にとって株式投資と言えば，短期的にお金を儲けることであり，マネーゲームと思っている人が多いようです。「儲かる株を秘密に教えます」とうたい，高額な授業料を取る株投資についての怪しげなセミナーもはやっています。また，昨今，仮想通貨（暗号通貨）が問題となっていますが，街の本屋には，「いかに仮想通貨で儲けるか」といったテーマの本ばかり並んでいます。仮想通貨（暗号通貨）は第４章で詳しく述べていますが，新しい金融手法であり社会的な意義もあるはずです。しかし，個人投資家にとってはお金儲けの手段としてだけ考えられていることは残念です。また，詐欺まがいの投資話の被害者も後を絶ちません。筆者は投資関連の仕事にかかわってから30年近くなります。しかし，この間，行政が様々な努力をしているにもかかわらず，同じような被害者が後を絶ちません。人間の欲望は尽きないようです。

　個人の意識の変革には，時間がかかるかもしれませんが教育が大切です。日本は残念ながら金融教育，特に低年齢向けの金融教育は充実しているとは言えませんし，金融教育においては金融の仕組みばかりを教えて，お金や金融

機能が持つ影響力や社会的な意義を教えていないように感じています。お金が持つ力には強いものがあります。この強い力をいかに使うかは，人としていかに生きるかを考えることにつながります。単にお金を得したとか損したとかで語るのではなく，自分ばかりでなく，人々と共生することにいかに深くかかわるかを考える教育が必要と考えます（図表2-14）。

●この章の重要ポイント

1．株式会社は経済活動において人類最大の発明の1つであり，大企業は国家並みの経済力や影響力を持っています。

　　私たちの日常生活においていかに会社の影響力があるかを再確認してみてください。

2．会社の存在意義は「本業を通して人々を幸せにする」ことにあります。そして「法的責任」「経済的責任」「情報開示責任」「社会・環境配慮責任」「統治責任」を果たしながら，最終的に「ステークホルダーと共存共栄を図りながら持続可能な社会の実現のために貢献すること」が「企業の社会的責任（CSR）」です。このために全般的に「リスク・マネジメント」がサポートするとともに，「ノブレス・オブリージュ」の考え方を持つことが大切です。

　　私たちは日々，会社がこの企業の社会的責任をどのように実行しているのか意識してみることが大切です。

3．企業の社会的責任は消費者ばかりでなく，会社に強い影響力を持つ投資家の金融機能によって監視・推進されなければいけません。金融機能は会社のすべてのステージにかかわるので，企業の社会的責任を推進させるための金融機能は極めて重要であり，有効です。

4．お金の出し手から出発して，投資に回されるお金の流れを「インベストメント・チェーン」と呼びます。企業の社会的責任の遂行，すなわち，社

会的課題の解決を意識した株式の投資活動は「ESG 投資」と呼ばれます。ESG とは企業活動において，環境（E），社会（S），企業統治（G）の3側面において企業活動を監視するもので，企業の社会的課題の解決を促進するものです。ESG 投資は世界的に拡大を続けています。

5．国連レベルでは「責任投資原則」「持続可能な保険原則」「責任銀行原則」によって金融機関の社会的責任を追求しています。日本においても「日本版スチュワードシップ・コード」「コーポレートガバナンス・コード」「伊藤レポート」などによって，金融機関と一般企業の社会的責任の強化が図られています。

6．「社会的課題を解決することがビジネスチャンス」とする動きも活発になっています。これを「社会的企業家」とか「CSV 経営」と呼びます。
　　どのような社会的課題の解決がビジネスになるのか考えてみましょう。

7．株式投資ばかりでなく，債券投資においても「社会貢献型債券」「ソーシャルインパクト・ボンド」のように，社会的課題の解決を目的とした債券が発行されています。

8．融資においても，「エクエーター原則」「21 世紀金融行動原則」といった，社会的課題を意識した融資業務が行われています。銀行をはじめとする金融機関は社会や環境を意識した金融商品を売り出しています。
　　日頃の金融機関の宣伝・広告の中で，どのような形で取り組んでいるのかを確認するのも面白いと思います。

参考文献

赤池学・水上武彦『CSV経営』（NTT出版，2013年）

足立英一郎・村上芽・橋爪麻紀子『ESG読本』（日経BP社，2016年）

稲葉陽二『企業不祥事はなぜ起きるのか』（中公新書，2017年）

岩井克人・小宮山宏『会社は社会を変えられる』（プレジデント社，2014年）

エプスタイン，ユーザス／鵜尾雅隆・鴨崎貴泰・松本裕訳『社会的インパクトとは何か』
（英治出版，2015年）

上田和勇『企業価値創造型のリスクマネジメント』（白桃書房，2003年）

上田和勇『企業倫理リスクのマネジメント』（同文舘出版，2014年）

上田和勇・岩坂健志『NPOのリスクマネジメント』（白桃書房，2009年）

江上剛『会社という病』（講談社α新書，2015年）

NHKスペシャル取材班『ヒューマン なぜヒトは人間になれたのか』（角川書店，2012年）

大庫直樹『地域金融のあしたの探り方』（金融財政事情研究会，2016年）

小方信幸『社会的責任投資の投資哲学とパフォーマンス』（同文舘出版，2016年）

河口真理子『ソーシャルファイナンスの教科書』（生産性出版，2015年）

北川哲雄『スチュワードシップとコーポレートガバナンス』（東洋経済新報社，2015年）

小暮真久『社会をよくしてお金も稼げるしくみのつくりかた』（ダイヤモンド社，2012年）

コトラー／恩蔵直人・藤井清美訳『コトラーのマーケティング4.0』（朝日新聞出版，2017
年）

國廣正『それでも企業不祥事が起こる理由』（日本経済新聞出版社）

財団法人トラスト60『ソーシャル・ファイナンス』（金融財政事情研究会，2016年）

佐高信『戦後企業事件史』（講談社現代新書，1994年）

産経新聞取材班『ブランドはなぜ墜ちたか』（角川文庫，2002年）

シュンペーター／清成忠男訳『企業家とは何か』（東洋経済新報社，1998年）

慎泰俊『ソーシャルファイナンス革命』（技術評論社，2012年）

末永國紀『近江商人』（中公新書，2000年）

末永國紀『近江商人学入門』（サンライズ出版，2004年）

高巌・日経CSRプロジェクト『CSR企業価値をどう高めるか』（日本経済新聞出版社，2004
年）

谷本寛治『CSR企業と社会を考える』（NTT出版，2006年）

玉村雅敏・横田浩一・上木原弘修・池本修吾『ソーシャルインパクト』（産学社，2014年）

シルヴァン・ダルニル，マチュー・ルルー／永田千奈訳『未来を変える80人』（日経BP社，
2008年）

塚本一郎・金子郁容『ソーシャルインパクト・ボンドとは何か』（ミネルヴァ書房，2016
年）

エイミー・ドミニ／山本利明訳『社会的責任投資』（木鐸社，2002年）

ドラッカー／上田惇生訳『ネクスト・ソサエティ』（ダイヤモンド社，2002年）

ドラッカー／上田惇生訳『企業とは何か』（ダイヤモンド社，2005年）

ドラッカーの窓から明日を考える研究会『ドラッカーとシュンペーター』（高陵社書店，2013年）

日本政策投資銀行『責任ある金融』（金融財政事情研究会，2013年）

野口吉昭『企業遺伝子』（PHP新書，2002年）

ハーバードビジネスレビュー『マイケルE.ポーター戦略と競争優位』（ダイヤモンド社，2011年）

平田雅彦『企業倫理とは何か』（PHP新書，2005年）

平田雅彦『ドラッカーに先駆けた江戸商人の思想』（日経BP，2010年）

樋口晴彦『なぜ，企業は不祥事を繰り返すのか』（日刊工業新聞社，2015年）

フォード／竹村健一訳『藁のハンドル』（中公文庫，2002年）

藤野英人『投資家が「お金」よりも大切にしていること』（星海社新書，2013年）

ミクルスウェイト，ウールドリッジ／鈴木春雄・日置弘一郎・高雄義明訳『株式会社』（ランダムハウス講談社，2006年）

みずほ銀行・三菱東京銀行・三井住友銀行『実務解説エクエーター原則／赤道原則』（金融財政事情研究会，2016年）

水口剛『ESG投資』（日本経済新聞出版社，2017年）

モラロジー研究所『三方善の経営』（モラロジー研究所，2001年）

山本眞功『家訓集』（平凡社，2001年）

山本眞功『商家の家訓』（青春出版社，2005年）

吉田豊『武家の家訓』（徳間書店，1972年）

第3章

課題解決に取り組む
主体の広がりと支える金融機能

　日本の社会では長い間，「課題は"お上（政府等）"が解決してくれるもの」という認識が広まっていました。しかし今日では，政府がすべてを解決し救済することは困難であり，市民や企業など多様な主体がそれに取り組むことが求められるという認識も，定着しつつあります。そして，政府等が解決の主体のときには意識に上ってこなかった，課題解決に当たるための資金源をどうするのかが話題になる機会も増えてきました。何らかの行動を起こすためには，それをするための資金の調達が必要になります。そして資金の調達が必要ということは，それの供給すなわち広義での金融（調達）の検討が欠かせないことになります。

　この章では，今日地域が直面している様々な課題に対して，解決に取り組む主体（主役）が政府から市民，そして企業に広がっていった流れや，それぞれの主体を支えるメカニズムの特徴について，まず概観します。次に，地域課題の解決を目的とする資金の供給（「コミュニティー投資」と呼ばれます）の手法として，近年注目されている市民を中心とする新たな資金の流れであるクラウドファンディング（インターネットやSNS等の機能を用いて，多くの人から少額ずつのお金を集める仕組み）について見ていきます。さらに，旧来より金融と呼ばれてきた，企業（営利事業者）を主体とする資金の流れの変動，新旧のあり方の特徴を見たうえで，最後に金融がより好ましく機能するための前提について考えます。

主に日本での動きや事例を参考にすることで，読者の皆さんが地域レベルで持続可能な社会づくりのために金融をどのように使っていくのかを考えるための，材料になることを期待します。

3-1　地域社会の主役たち（政府に加えて市民，さらに企業）

3-1-1　主役となるものの変化

　社会問題，課題の解決に向かうための取り組みには様々な方法があります。

　何らかの発生してしまった社会問題への対応策として，これまでは行政による政策的対応がまず求められてきたのではないでしょうか。政策的対応とは，同じ問題が二度と起こらないように予防したり（問題の発生につながる特定の活動を禁止する等の条件付けをする），発生してしまった問題状況を収束・軽減させるための仕組みを整備したり（問題により被害を受けた者への直接的な金銭や物資等の支援や，支援をしようとする企業や市民に対してそれの後押しをする等の条件付けをすることも含みます）といった活動を行うために，法律や条令等を設置し，それを実際に行うことを言います。これは過去の公害等への対応を念頭に置くと，わかりやすいと思います。

　しかし，今日見られる子どもの貧困のような課題に対する政策的対応は容易ではありません。それはその問題自体の発生原因や，問題の帰結として発生する被害者や被害状況等が，複雑（多面的で多層的）な課題だからです。政策的対応を行うためには法律等の制定が必要になりますが，それは論理的にも事実上も困難です。

　法律はその乱用を防ぐためにも，対象や対応方法等を明確かつ厳密に定める必要があります。そのため構造的に複雑なものについて，法律で定めることは容易ではありません。まず問題状況を解きほぐす必要があります。民主主義政治制度下においては意思決定のプロセス上，単に解きほぐすだけではなく，その解き方と結論が多くの人の同意を得られることも求められます。

図表3-1　社会的課題の発生と対応の流れ（公害発生の事例）

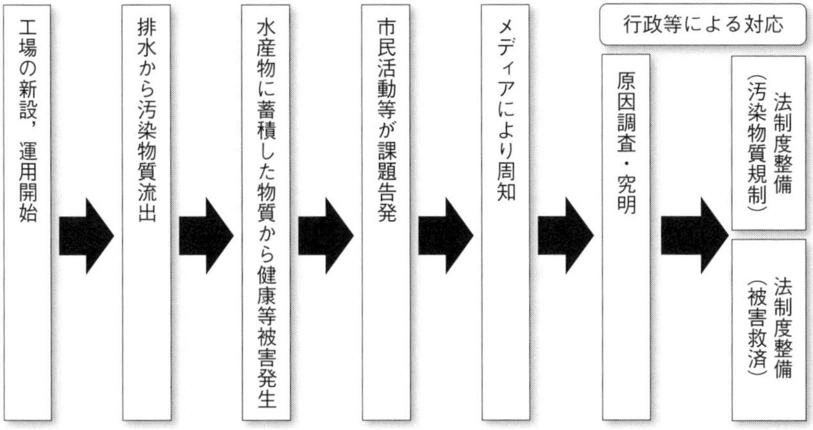

工場の新設，運用開始	→	排水から汚染物質流出	→	水産物に蓄積した物質から健康等被害発生	→	市民活動等が課題告発	→	メディアにより周知	→	行政等による対応

行政等による対応：原因調査・究明 → 法制度整備（汚染物質規制）／法制度整備（被害救済）

出所：筆者作成。

同意まで得られたとしても，個別の課題それぞれについていちいち立法（議会での議論を経て法律を作ること）の対応をすることは際限がありませんし，法律制度の大量化，複雑化につながります。さらには取り巻く状況の変化が起こるとその制度が陳腐化し，新たな状況に対応するための制度の修正が求められる場合も起こりえます。さらにいうならば，そもそも将来起こることをすべて予測することは不可能であり，すべての状況に適応しうる制度を設計することは不可能です。

　これらは理屈の話ですが，現実の動きを決める重大な要因として財源があります。行政による課題解決の限界は，実はこちらから現れてきました。80年代以降に世界的に見られた「**小さな政府**」化の進展と，特に福祉領域において行政がその主導的な位置から離脱し始めたという事実は，何よりも雄弁に物語っています。その結果，アメリカ（共和党のレーガン大統領〈当時〉の主導）やイギリス（保守党のサッチャー首相〈当時〉の主導）において，政府支出の削減による財政健全化を目指す動きである「小さな政府」化が進められました。

　日本においても1982年からの第１次中曽根政権，1983年からの第２次中曽根政権において，中曽根首相（当時）の主導のもと同様の動きが始まりまし

た。1970年代には核家族化の進展に伴い，福祉の担い手が家族から行政に代わったことから，福祉予算の急速な拡大が始まっていました。しかし，1980年のイラン・イラク戦争勃発から「オイルショック」が起こり，それに起因する不況により税収が大幅に減少したため，政府は緊縮財政を組まざるをえなくなりました。日本における政府支出の削減は社会保障関連など主に福祉の領域において推進される一方，行政に代わる福祉の担い手として地域社会，地域共同体が役割を果たすことが期待され，**「福祉の社会化」**と呼ばれることになりました。

　行政の撤退に伴い代替するサービスの供給元となる地域共同体とは，具体的には社会福祉法人等事業者等とされました。それら民間事業者の提供する福祉サービスの質を担保するために，1987年には社会福祉法及び介護福祉法が制定され，福祉専門職の国家資格が定められることとなりました。これによって民間事業者が供給する福祉サービスにおいても，行政の認定した専門職の介在が義務付けられることとなりました。行政が担い手の地位からおりるに当たり，新たな担い手の質の保証をしたと見ることができます。

　これらの動きは，福祉サービスの受け手とその家族など周辺にいる人以外には知られることはあまりなかったかもしれません。この状況が変わり始めたのは，90年代の大規模自然災害に対する市民セクターによる対応でした。

　1993年7月に発生した北海道南西沖地震は，日本海側では近代以降最大規模とも言われる被害をもたらしました。中でも震源に近かった奥尻島の津波被害は広く注目を集め，主に青年層による災害復興ボランティアによる支援活動もまた，注目を集めることとなりました。

　そのようなボランティアによる支援活動が，より広く世に知られることとなったのが，1995年1月阪神淡路大震災からの復旧支援活動にかかるものでした。神戸新聞によると，被災地では震災直後の1年間で138万人，多い時で1日2万人が活動し，少なくない市民活動団体やNPOがこれを機に誕生したとされたこともあり，1995年はわが国の**「ボランティア元年」**とも呼ばれています。そしてこれ以降，それらの市民活動は災害等に対する復旧活動の担い手として，行政を補う主体として欠かせない存在となっています。さらにそれらの団体が組織的活動を行うことができる法人格を認めるために，1998

年には**特定非営利活動促進法（通称，NPO法）**が制定されました。これら
ボランティアやNPO等の有する特徴等については，次項で詳しく見ていくこ
ととします。なお，子どもの貧困という課題に対する「子ども食堂」の取り
組みは，これに該当すると言えます。2019年の台風等自然災害からの復興支
援においても，ボランティアは重視されています。

　社会において不足するサービスの供給者として，行政（政府）やボランテ
ィア等以外に，民間営利企業も一翼を担っていることは，今日では広く知ら
れています。株式会社等，営利法人の形態をとりつつ社会的サービスの供給
を担う**ソーシャルビジネス**や，社会的課題の解決に事業性，革新性をもって
取り組む**社会的企業**がこれに当たります。それらには非営利法人の形態をと
るものもありますが，営利法人の形態をとるものもたくさんあります。そし
てそれらはあくまで民間のイニシアティブにより，場合によっては行政の支
援を受けずに，営利もある程度追いつつ事業に取り組む主体です。

　なお，2000年に制定された**介護保険制度**は，介護制度にかかる必要資金の
原資として新たに強制的な保険制度として整備するものでした。しかしそれ
だけに止まらず，社会保障サービスの供給者として，民間企業の参入を法的
に認めるという点で，言い換えると法的枠組みとして営利法人によるソーシ
ャルビジネスを認めた点でも，エポックメイキングな出来事であったと言え
るでしょう。

　ソーシャルビジネスや社会的企業は，社会的サービスの供給や課題の解決を
ミッションとする営利法人事業体ですが，今日では**企業の社会的責任（CSR）**
の一環として，社会的な事業に取り組む例も少なくありません。さらに企業
自身が直接事業として取り組まない場合でも，寄付や人材の供給等のいわゆ
る社会貢献によって，市民によるボランタリーな活動を支援する例は広く見
られます。例えば日本の場合「ビジネス＝商い」が発達を始めた江戸時代よ
り存在しており，その具体例として，大阪市内の運送インフラであった堀割
の整備が，商人たちの私財によって行われた事例があります。すなわち，行
政，市民に加えて（営利を目的とする）事業者もまた，社会課題解決に取り
組む主役の一人と言えるのです。

　またそれぞれの主体単独では不可能な活動を，主体が協働して取り組むこ

とにより可能となる例も見られます。例えば福祉サービス等でしばしば見られる例として，サービスの受益者が受けたサービスの価値に応じた対価の負担（**応益負担**）をできないといったことがあります。詳しくは次項で見ていきますが，十分な対価を必ずしも求めない市民による自発的活動が期待できず，政府による十分な予算の手当てができない場合に，どのような対応，足りないモノの配置が可能でしょうか。

　サービスの受益者が応益負担は無理であっても，**応能負担**（能力的に可能な範囲での対価の支払い）をしてもらうことで，不足分は行政の補助や市民のボランティアで補てんしつつ，ある程度の対価性を持たせることで，企業による対応が可能となります。前述の子ども食堂においても，利用者に少額の負担をしてもらいつつボランティアや寄付で運営がなされている例が多く見られます。

　次項では，これら３つの主体について特徴や性質，それらに起因する限界（いわゆる「○○の失敗」）等を詳しく見ていきましょう。

3-1-2　３セクター論

　ここでは，行政と市民，企業（市場）という前項の３つの主役について詳しく見ていきましょう。

　ハンガリー人の経済学者カール・ポランニーは人と人とのつながり（統合，モノのやり取り／行き来）のあり方を**再配分**，**互酬**，**交換**の３つに分類しました。これらが前述の３つの主役が利用する，モノのやり取りの原理です。ポランニー以降，少なくない研究者がこの「３セクター論」について述べていますが，本稿ではポランニーの論理を主に利用しながら見ていくことにします。

　「**再配分**」とは強制的手段によりモノやカネを集め，それらを必要とするところに配分しなおすということを意味します。行政＝政府が租税制度によって強制的に集めたカネ等をもとに，様々な政策を執行するというカタチで実践されるモノのやり取りです。

　「**互酬**」とは，直接の見返りを期待せず，余剰を持っている主体が不足している主体に対してモノ等の資源を自発的に提供するというカタチで実践され

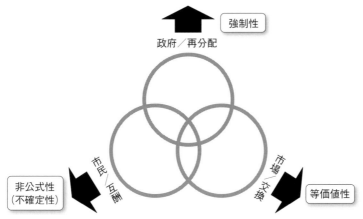

図表3-2　3つのセクター（配分の方法）
矢印の方向に進むほど各セクターの特徴である「〇〇性」が強くなる

強制性
政府／再分配
市民／互酬
市場／交換
非公式性
（不確定性）
等価値性

出所：ポランニー（玉野井，栗本訳）『人間の経済Ⅰ』岩波書店1980年の第3章をもとに筆者作成。

るモノのやり取りです。他者に対して無償で資源を提供することで，自分も他者から無償で資源を受け取ることができるという期待（言わば「情けは人のためならず，回りまわって」の考え方）が背景に存在しています。市民による寄付やボランティア等の形態で見られます。

「**交換**」とは，それが行われる場（市場）において，そこへの参加者同士が自分の有するモノと相手方が有するモノの価値やそこから得られる価値を見定めて，相手側の価値が自分のものと等しいか，自分のもの以上の価値があると認められるときに，自発的に各々のモノとモノとを交換するというカタチで実践されるモノのやり取りです。市場を介して行われる企業の事業活動がこれに当たります。ただし価値の大小については，現実的には「権力（パワー）」という要素がかかわることにより，「同額かそれ以上」とならないことも少なくありません。

　主体間のモノのやり取りは上記3つのうちのいずれか，または複合によって行われることになりますが，ある社会におけるやり取りの方法がどれか1つの方法だけで足りるということはありません。というのも，それぞれの方

法には何らかの欠点，「○○の失敗」があるからです。それぞれの「失敗」について，もう少し詳しく見ていきましょう。

　「再配分」においては，政府が権力を持って税金を強制的に徴収し，その運用（配分）方法を決定し実施します。この強制性が他の2つにはない「再配分」の特徴となりますが（他の2つは強制性の反対である自発性を持っています），強制を可能にする権力の根源や，意思決定の方法等についての議論が前提として必要です。今日世界で広く採用されている民主主義的な意思決定を行う政府を念頭に考えてみましょう。民主主義的意思決定の特徴は，意見の交換と投票（多数決）により政策が決定されることと言えます。しかし，それゆえに少数意見が軽視されることがしばしば見られたり，「**合成の誤謬（1つ1つは合理的な意見であっても，それらを組み合わせたときには必ずしも最も合理的と言えない決定となりうること）**」が発生したりなどから，望ましい再配分が行われない可能性があります。一方これの原因となる集団的な意思決定を避けようとしても，**情報の非対称性**（情報のやり取りをする二者の間にある情報量の差（大小）の解消ができないこと）のもとでは，すべての情報を伝達することは困難であることに加えて，ヒトは**完全合理性**（すべての与えられた条件を合理的に判断し結論を出す能力）を持っていません。そのため，1人ないし少数の指導者が意思決定を行う独裁制，寡頭制等においては，非合理な決定がなされる可能性がより高いと言えます。意思決定の手続きの明確化とその運用，意思決定のスピード感等の弱点もあり，結果として政府主導の経済政策が意図したような成果をあげられず，経済活動が非効率化する可能性が否定できません。これらが「**政府の失敗**」と呼ばれる「再配分」の弱点であり，行政による施策がしばしば功を奏さない遠因と言えます。

　「互酬」の特徴は，お互いに無償で資源を他者に提供すること，すなわち資源の提供に対する確実な見返りが存在しないことです（非公式性，不確定性とも言います）。「再配分」においては税金を支払う代わりに政府が何らかの施策を実施し，それによって社会が改善される期待という見返りの存在ゆえに強制性を与えていると見ることができますし，一方，「交換」は相手から受け取るモノ無しでは成立しません。この見返りの不存在ゆえに，モノを出す

側が安定的に存在するか，出されるモノは不足を満たせる質や量を有するか，出し手の意思が偏ったものである可能性（自分が渡したいものを渡す，相手はこれが要るはずだとの決め付け）等の様々な制約の存在を，「互酬」は避けることができません。そしてこれらは「**ボランティア／フィランスロピーの失敗**」とも呼ばれます。これらの制約を超えるために政府の存在が必要であるとする（政府よりも市民社会を基盤に置く），アメリカのレスター・サラモンのような研究者もいます。

　「交換」の特徴は等価値性と言えます。「再配分」においては，拠出した税金に見合う見返りが必ずしも自分自身に戻ってくるわけではありません。一方，「互酬」ではひょっとすると将来何らかのモノを無償で得られる可能性はあるものの，それは確約されていませんし，同じ価値以上である見込みも立ちません。再配分も互酬も，それによる社会の改善によって自分が暮らしやすくなるというリターンの想定がないわけではありませんが，リターンの計量と価値の評価は容易ではありません。対して「交換」は，自分自身で等価値を判断できるため最も合理的と考えられる面はあります。しかし，残念ながらこれにも制約（完全競争〈すべての参加者が平等な条件で競争できること〉，完全情報〈すべての参加者がすべての情報をコスト無しで入手できること〉，外部性〈参加者が評価しないことは考慮されないこと〉の問題等）が存在しており，人々や企業が利己主義的に行動した結果，望ましくない最適と言えない結果（「**共有地の悲劇**」と呼ばれます）がもたらされることがあり（アダム・スミスのいう“神の見えざる手”が機能しない可能性），「**市場の失敗**」と呼ばれます。一方，完全情報は不可能であっても情報コストの存在により，政府＝集中的な意思決定が行われる階層的組織よりも市場メカニズムの方が望ましいとした，フリードリッヒ・ハイエクのような経済学者もいました。また，そもそも交換に拠出するモノを持たない主体はこれに参加することができません。

　以上3つのモノのやり取りの方法は，それぞれに不可避の欠点を有しているため，どれか1つだけがあれば良いということはなく，それらが並行的，複合的に用いられることによって，社会にとって望ましいモノ（経済学でいうところの「財」）の配置が可能であると言えるのです。前項で見たような福祉

サービスにおける３つの併用は，その回答の１つです。さらに「市場」の利用は，特に事業活動においてはその持続性強化につながるとする考え方も可能であり，それゆえに事業性，社会性，革新性の３つの要素を有する「社会的企業」の優位性が説明されることもありました。

3-1-3　金融（与信）の機能

前項で，モノのやり取りにおいて見られる３つのパターンを概観しました。そして，課題解決において，従来の「再配分」や「互酬」以外に，「交換」の機能も期待されることを述べました。ところが，「交換」には大きなネックが存在しています。「再配分」は，言わば「持っているもの」から政府が集めたモノを，「持たないもの」に（再）配分する仕組みです。「互酬」は，自分の持っている範囲内のモノを自発的に他のものに渡す仕組みです。しかし「交換」においては，相手と交換するモノを持たないものは，その原理である等価値性要件を満たせないため，交換に参加できません。つまり，モノが偏っている状態は現物の「交換」だけでは解消できないのです。ここで登場するのが金融（与信）です。与信とは将来約束（お金が戻ること）が果たされることを期待して，相手にお金等を与えることを意味します。

金融機関の役割の１つとして，（金融）仲介機能（資金が余っている人から資金が足りない人に，資金を仲介する機能）があることを学んだことのある読者は，おそらく少なくないと思います。しかし，これだけでは「交換」になっていません。なぜ仲介（資金の移動）が可能なのでしょうか。金融機関の機能をもう少し詳しく見ていきましょう。

機能の１つに信用創造機能というものがあったことを学んだ読者は，前者と比べると若干少ないかもしれません。信用創造機能それ自体は，預かっている資金以上に別のものに資金を融資することと定義されますが，この融資について考えてみましょう。

もし読者が知人等から「お金を貸してほしい」と頼まれたらどうしますか？　相手が家族や親戚等であったり，恋人や大切な友人であったりする場合には，ためらったり考えたりすることなくお金を貸すことがあるかもしれません。そうではないときに「考える」ことは何でしょうか。「貸したお金を

図表3-3　信用と信頼の構造

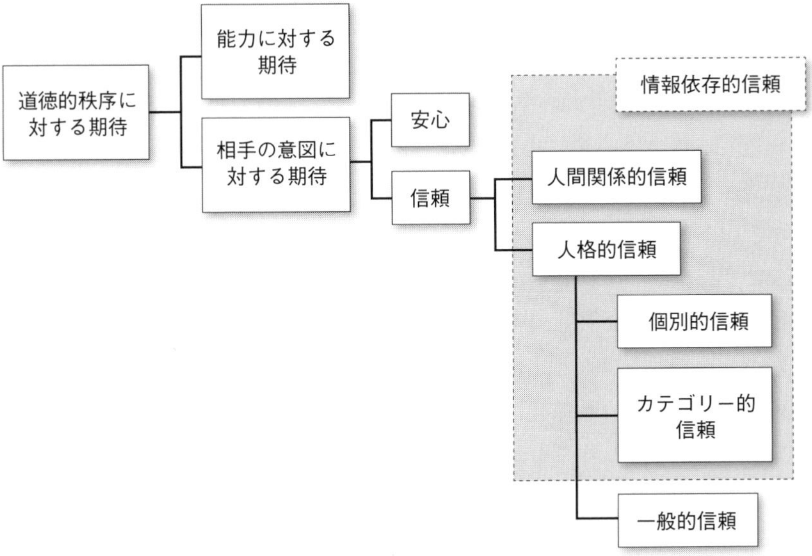

```
道徳的秩序に        能力に対する
対する期待          期待                                    情報依存的信頼

                   相手の意図に       安心
                   対する期待
                                     信頼           人間関係的信頼

                                                    人格的信頼

                                                           個別的信頼

                                                           カテゴリー的
                                                           信頼

                                                    一般的信頼
```

出所：山岸俊男『信頼の構造：こころと社会の進化ゲーム』東京大学出版会1998年47頁より一部
　　　抜粋。

将来返してくれるかどうか」ではないでしょうか。では，どのようなときに
お金を返してもらえそうであると判断できるでしょうか。

　これについては，いろいろなアプローチでの説明がありえますが，ここで
は社会心理学者山岸俊男の「信用と信頼」の理論を借りて考えてみます。す
ると，「将来お金を返す能力があること」と，「お金を返す意思があること」
の両方が見込まれるときに，返済される可能性が高いという判断が可能とな
ります。将来返すお金を持っていなかったら返す意思があっても当然返済す
ることはできませんし，お金があっても返す意思が疑わしい（お金があった
ら別のことに使う）ヒトもいそうです。両方を満たせるときに初めて，少な
い不安でお金を貸すことができると言えます。お金を貸す判断のことを与信
判断とも言いますが，与信のための審査判断はこれら**「能力」**と**「意思」**に
ついての判断ということが可能です。ここからは金融機関の融資判断を想定
し，もう少し詳しく見てみましょう。

能力についての審査は，返す約束の時点で返せるだけのお金を持っているかどうかの審査になります。お金を借りようとするものは，将来返済できる事情を説明して金融機関に信用してもらわなければいけません。また信用してもらうためには，もしお金が足りなかった時のためにそれを処分することで返済が可能になるような担保や，代わりに返済してくれる保証人の差し入れなどの条件交渉が必要になります。

　次に意思についての審査はどのようになるでしょうか。これは実は非常に困難な課題です。これまで常に約束を守ってきた人は，今後も約束を守る可能性がそうではない人と比較すると高いと言えるでしょう。しかし，絶対に約束が守られるという保証は残念ながらありません。将来の状況が約束を守ってきた過去と異なることがあるからです。相手の将来の行動を見極める能力が重要となります。またこれを補うために，借り手が返済できないときの代わりの返済確保の方法として，担保や保証人を差し出させるという方法も考えられます。それらは先に書いたように，実質的に返済を確保する財源となりうると同時に，返済する意思を高めてもらうための言わば「人質」になっています。

　これらの与信判断を無事通過することで，借り手は融資を受けることができるわけですが，借りるに当たり「金利を何パーセントとして，いつを期限として，いくらを返済するか」を明確にした契約を取り交わすことになります。日本では通常，**金銭消費貸借契約**という契約が用いられます。やっとこれで，金融が「交換」になる条件が整いました。金融とは契約により，「将来返済する約束」と現時点での金銭を交換する行為と言えるのです。金融論においては，**「異時点間の交換」**とも呼ばれます。ちなみにこの交換は，金融機関と借り手の間で行われているだけではなく，実は預金者と金融機関の間でも行われています。

　現時点で資金を持たないものが，将来時点で返済する意思と能力を持つ（と貸し手側に信用させる）ことで資金を得ることができるのが，金融です。そしてこの金融の機能によって，受け手は交換に参加することが可能になるわけです。すなわち，金融の機能（公益性といっても良いでしょう）は，「交

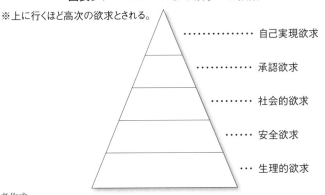

図表3-4　マズローによる欲求の5段階

※上に行くほど高次の欲求とされる。

・・・・・・・・・・・・・ 自己実現欲求

・・・・・・・・・・ 承認欲求

・・・・・・・ 社会的欲求

・・・ 安全欲求

・・ 生理的欲求

出所：筆者作成。

換」を経由するモノ（参加者とモノ自体）を増やすことによって，モノが社会に広くいきわたることをサポートすることにあると言えるのです。

　さらに受け手側の立場で考えるならば，金融の機能はこれ（必要な資金を供給し，「交換」を活性化する）だけではありません。

　資金を得ることでそれまでできなかった何らかの事業に取り組むことができ（インド人の経済学者アマルティア・センのいうエンタイトルメントの実現とケイパビリティの発揮），それにより成果を得られたときには，自己実現の満足を得ることができるでしょう。また，融資を受けられるということは，貸し手から能力や意思についての承認を得たことも意味します。すなわち他者からの承認の獲得も意味するのです。さらに承認の獲得は，**エンパワーメント**（自分自身が能力を持つとの認識を得て力付けられること）になり，別の能力発揮につながる可能性もあります。

　ここまで「金融の良いことばかりを書いているのではないか」と思う読者もいるかもしれません。良いところの一方で，金融の存在ゆえに発生してしまう社会課題があるのも事実です。国内の身近な例でいうならば，サラ金，闇金，多重債務と貧困という問題をすぐに思い付くことができるでしょう。

　貧困状態からの救済のための金融手法（貸出）として，2004年にノーベル

平和賞を受賞したグラミン銀行とその創設者ムハマド・ユヌスで有名になった**マイクロクレジット**があります。マイクロクレジットとは，一般の金融機関から資金を借りられない極小規模で貧しい事業者に対して小額の貸出をするもので，これにより事業者の高利貸からの借入への依存を減らせるため，より良い生活ができる可能性が生まれるという仕組みです。しかしそのマイクロクレジットが，多重債務のような問題を新たに起こすことがあるということも指摘されています。

　金融のすべてが「良く」「正しく」，望ましい在り方をもたらすということではありません。しかし，前述したように，それがあることによって初めて可能になることがあることは重要と言えるのではないでしょうか。

3-1-4　資金供給の方法

　ここまで原理的な話が続いたので，以下では少しずつ具体的な仕組みの話に近付けていきたいと思います。地域課題の解決につながる事業への資金供給について見ていきましょう。

　説明してきた文脈に従えば，課題の解決を目指す取り組みに対する資金の，従来最大の供給者は行政ということになります。行政は法律や条令を定め，行政体自体がその実施に当たったり，その制度に適合する事業等に補助金や助成金を支出したりして，解決に取り組むことになります。税金で集めた資金を必要なところに再配分していると言えます。もっとも最近話題となっているMMT（モダン・マネー・セオリー＝現代貨幣理論）では，政府の機能として，税金を強制的に集めて財政支出という「再配分」を行うことは副次的なものであり，貨幣のだぶつきすなわちインフレ防止のための社会からの貨幣の回収の機能をより重視する面があるようです。そうであるとするならば，社会が政府に強制力を付託する理由は，経済の健全性のコントロールのためということになってしまうところ（経済活動を最重視）が，MMTの問題点であるように思われます。また，再配分であるがゆえ，その財源（税収）に制約が存在しています。

　なお民間の事業者が，行政から再配分の資金を得つつ事業に取り組む場合には，補助金や助成金だけで事業を実施するのではなく，事業主体自体の自

己資金や自己調達からの充当も想定されている例が多く見られます。補助金や助成金はそれらが支給される目的に沿い，適切に資金供与の対象の事業が実施される場合には，返済を求められることは通常はありません。すなわち，複数の事業実施候補がある場合に資金の与えられる対象が選別されるロジックは，推定される事業の実施遂行能力ということになります。能力への信用を期待しての資金供与ということは，返済を求めないとはいえ，再配分の実際の運用においては「交換」の原理が用いられているということになるとも言えます。

　資金の出し手としての市民（互酬）においては，自分の気に入った対象に（少なくとも目先では）一切の見返りを求めることなく，寄付やボランティア等でお金や労働などの自分の有する資源を拠出するのが，そもそもの互酬の基本でした。では，ヒトはなぜ見返りのない資源の拠出をするのでしょうか。**利他動機**（ヒトは自分以外の者等のために，自分が損をしても行動しようとすることがある）や，拠出による社会の改善への期待，満足（良いことをした満足だけでなく，「自分が社会にとって好ましいことをした」ということを他者に見せる満足も含む）を対価として得る消費としての支出であるなど，多様な説明はありえます。しかし，いずれも資源の提供が行われる継続性を保証できないところが，この互酬の制約となっています。しかし不確実な面があるとはいえ，そのような資金等の提供は現にある程度継続的に行われているのも事実です。

　また互酬においても再配分と同様に，得られた資源によって適格なアウトプット，活動の成果をもたらすことを期待して（「交換」的な性格）の資源提供が行われる面もありえます。

　資金の出し手としての市場（交換）はどのような性格を持つでしょうか。性格の議論の前に資金の出し方を確認しておきましょう。再配分や互酬と大きく異なる点があるからです。思い出してほしいのは，再配分と互酬においては出し手から受け手（社会的な取り組みを実践する者）に，資源は一方通行で流れるだけですが，交換においては将来逆の流れが起こるということです。資金の出し方すなわち，資金を相手に渡して後刻回収する方法には，大きく分けて貸出と出資の2つの方法があります。それらの違いは簡単にまとめる

図表3-5　貸出と出資

貸出	● 金銭消費貸借契約により，金額，金利（事前に変動や固定などのルールを設定），返済期限や返済方法を確定する。 ● 資金の受け手は契約に従い返済を実行し，出し手は元金に加えて約定に従う利子を回収する。
出資	● 株式の場合，出資の見合いとして株主としての地位（株主総会での意思決定に加われる権利や，配当を受け取る権利，会社解散の際に残った財産を受け取る権利等）を得る。原則的には，株式の償還はない。資金の出し手は，配当の積み重ねと株式の譲渡により資金を回収する。配当は事業実績に応じ，株主総会で確定。 ● 匿名組合契約の場合，支払いの期日や成果の指標とその達成の度合いごとの配当（元金及び利子に相当）を約定する。元本相当の回収は確実ではない。契約に従い，期日に配当を実施する。

出所：筆者作成。

と，将来時点でいくらを返済するのかを明確に約束するのが貸出である一方，将来事業等が成功し儲かったときには配当などを受ける権利を受け取るのが出資です。貸出の例には銀行貸出が，出資の例には株式投資などがあります。なお，投資した株式が公開されるなど売買が可能な場合には，配当の受け取り以外に株式の譲渡によって回収する方法もあります。

　さて交換の資金の性格ですが，与信判断の説明をした際に述べたように，実は将来回収できることだけがそもそもの基準です。貸出の場合は，将来時点で資金を獲得し保持している見込みであり，かつ返済する意思を持っていることが，回収が可能である条件となります。出資の場合は，配当やその累積の見込みや株式の譲渡の見込みと，それらを将来実践可能にする意思を持っていることが，回収が可能である条件となります。すなわち，特に貸出の場合は，意思に関する判断以外は非常にシンプルな条件，将来の約束時点で資金を保持している見込みがあるかという点だけで，社会的成果云々を問わずに資金を出す判断が行われるということが，資金の性格，特徴と言えます。

　それでも，社会的な課題解決の取り組みが「市場」から資金を調達することに違和感を覚える人は少なくないかもしれません。しかし，それは恐らくわが国においてそのような例があまり見られてこなかっただけではないでし

図表3-6 コミュニティー開発機関の分類と特徴

種類名称	提供するサービス	特徴
コミュニティー開発銀行	預金と支払決済業務 与信貸出業務	預金保険の対象となる営利金融機関。 一般金融機関が取引を回避するマイノリティや女性の経営する企業やNPOを主たる取引対象とする。
コミュニティー開発クレジットユニオン	預金と支払決済業務 与信貸出業務 （貸出は組合員対象）	預金保険の対象となる非営利協同金融機関。 取引対象は上記と同じだが，より小規模のもの主体。
コミュニティー開発ローン基金	与信貸出業務	NPOや投資家，専門家，借入利用者等が理事会を構成。低い金利で資金を集め地域のための貸出。 （低所得層向け賃貸住宅の建設資金や事業資金等をNPOやソーシャルビジネス事業者等に対して融資，資金は財団等より調達）。
コミュニティー開発ベンチャーキャピタル	株式への出資 支援育成	荒廃する地域で事業を行いながら急速な成長が見込まれる中小事業者で，雇用の増加を図るものを対象とし投資。 資金源は財団や個人，行政など。
小規模事業支援ローンファンド	与信貸出業務 育成支援 一般金融機関への橋渡し	ごく小規模で既存の金融機関を利用しづらい事業者を対象とし，ローンや技術的支援により事業開発を育成。 資金源は財団や行政など。
コミュニティー開発事業会社	居住や労働の場の提供	地域住民等のボランティアを理事メンバーとするNPO。銀行や財団，行政等から資金を得て，地域の再興を目的として，起業家や地域住民の協働活動支援を実施。

出所：CDFIコアリションや各機関の連携団体のウェブサイトを参照し筆者作成。

ょうか。視点をアメリカに転じると，劣化荒廃する都市部や農村など地域を再開発するための市民や企業等による事業活動（コミュニティー経済開発）に対して資金を投じる活動，**コミュニティー投資**が1970年台頃より注目を集めてきたという事実があります。コミュニティー投資は第2章でも触れられている「**ESG投資（社会的責任投資）**」の1つの要素とされ，それに取り組む金融機関，**コミュニティー開発金融機関**（以下CDFI）も数多く見られます。

　CDFIには，預金の受入れを行う銀行や信用組合，調達した資金で貸出等を行うノンバンクであるローンファンドや，株式投資を行うベンチャーキャ

ピタルファンドもあります。それらは，一般の金融機関が取引をしたがらない（アメリカ式の金融排除〈一部特定層に対して金融サービスを提供しないこと〉はレッドライニングと呼ばれました）マイノリティ（人種等の少数派）や女性が中心となる事業体を主たる取引対象として，金融サービスの供給を展開してきました。このようなCDFIの活動は，1990年代の社会的責任投資への関心（自分のお金の運用に当たり，社会や地域を良くするようなものに託したい）の高まりに加えて，当時の民主党クリントン大統領政権下，それらの活動に対する様々な支援を行うCDFI基金が設置されたこともあり，CDFIとそこに集まる資金は大きく成長を遂げました。

　普通の金融機関が取引をしたがらない層を相手にするというと，貸出等の回収に問題がないのか不安を持つ人もあろうかと思います。

　結果論からいうと，突発的な不況等の際にはCDFIの直接的・間接的支援対象であるマイノリティ層は，多数派層と比べて経済的に打撃を受けやすい面があるのは事実です。2008年のリーマンショック後に，コミュニティー開発銀行の代表的事例として知られるシカゴのショアバンクが破綻しました。しかし，これはいわゆるサブプライムローン（本来資金を借りられない貧困層等を相手に住宅取得資金の貸出を，しかも地価の上昇が続かなければ返済できないような形態で行うこと）を野放図に行い破綻したわけではありません。ショアバンクは貧困層やマイノリティが居住する住宅（アフォーダブル住宅と呼ばれます）を建設する資金を多く貸出していました。返済する資金は彼らからの家賃が原資となります。一般的な家賃水準を前提とする限り，経済情勢が定常的であるならば，健全な貸出と言えます。しかし，リーマンショック後アメリカ国内を襲った不況は，弱者となりがちなマイノリティ層の大量失業をもたらしました。この結果，家賃を回収できなくなった家主は返済が困難になりました。それらの不良債権化がショアバンクを破綻へと追い込んだのです。

　しかし定常状態を前提とするならば，例えば雇用の創出を重視するコミュニティー開発ベンチャーキャピタルファンドは2000年代まで，一般的なベンチャーファンドに負けない投資パフォーマンス（投資の指標の1つである内

部収益率が20%近く）をあげていました。それらCDFIによる金融供給は社会貢献的であるだけでなく，経済的にも合理的な投資となっていたのです。意思の面でも能力の面でも回収できる見込みがあることという基準での金融供給ですので，当然と言えば当然なのですが。そしてCDFIに対する支持，すなわちそれらに資金を預ける人の増加が背後にあったことは重要です。

このような，旧来は十分な資金が届いてはいないものの資金の出し手にとって好ましい相手に対する交換をベースとする資金供給は，発達を遂げたICTサービスを活用することで2000年代後半以降，新たな局面に入ってきました。いわゆる**フィンテック**の活用により登場したのが，IT技術を利用して広い層から少額の資金を集める**クラウドファンディング**です。次節と次々節ではこのクラウドファンディングについて，詳しく見ていきましょう。

3-2 市民（互酬）メカニズムの活用

3-2-1 クラウドファンディングの全体像

クラウドファンディング（以下CF）とは，上述のようにIT技術を利用して広い層から少額の資金を集める資金集めの方法です。クラウドは群衆の意味，ファンディングは資金集めを意味しています。すなわちIT技術の発達により可能となった，多くの人々や団体等から広く資金を集める方法がCFです。

その種類については様々な説明分類が今日なされていますが，本書では金融庁の説明資料の考え方を取り入れつつ，世界銀行の分類も参考として4つに分けて考えます。本節では4つのうち，投資（＝交換）以外の性格を比較的強く持つ，すなわち互酬的要素の比較的強い寄付型と，購入型について見ていきましょう。

図表3-7　クラウドファンディングの分類

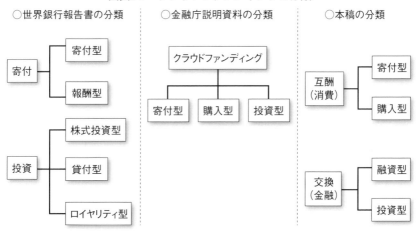

出所：各報告書等をもとに筆者作成。

図表3-8　世界のクラウドファンディングの成長見込み（実績は2018年まで）

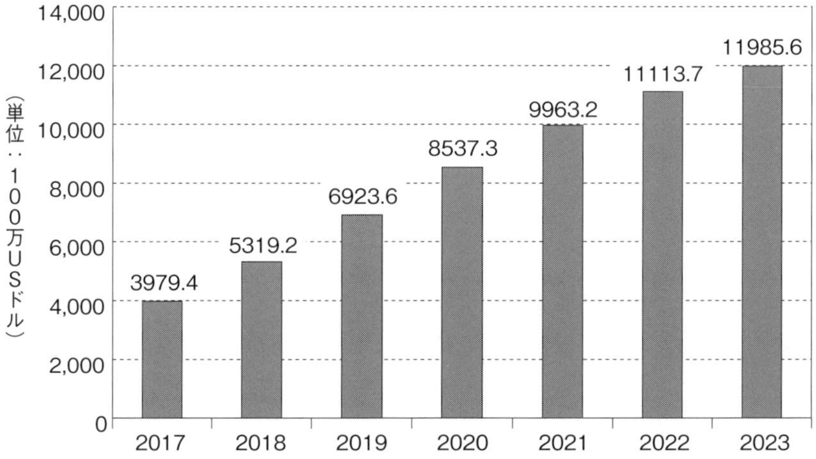

（単位：100万USドル）

年	値
2017	3979.4
2018	5319.2
2019	6923.6
2020	8537.3
2021	9963.2
2022	11113.7
2023	11985.6

出所：オルタナティブファイナンスレポート2019（STATISTA社サイトのデータ）より。

3-2-2　寄付型クラウドファンディング

　寄付型は，CFの中でも最初期に実用化されたものです。インターネット
を利用した寄付の呼びかけの原型として，1997年にイギリスのロックバンド
のファンが同バンドの全米ツアーを支援するキャンペーンを実施し6万ドル
（約7百万円）を集めたこととする説が見られます。たしかにこれは目立つ例
と言えますが，英米の地域社会において一般に行われてきた慈善目的の小口
寄付（現金）集めが，インターネットという媒体を用いるとともに現金以外
の資金の受け渡しツールを利用することで，地域の枠を超えるとともに量的
（金額的）にも従来の寄付集めとは一線を画するものとなってきたと見ること
もできるでしょう。

　数年前まで実際の資金の受け渡しは，インターネットを利用した場合，超
えることが容易でない高いハードルがありました。資金の移動の方法は，①
現金を渡す，②金融機関に出向き為替や銀行口座等を使用し送金する，③ク
レジットカードの決済機能を利用する，④一部で使われ始めていた**電子通貨
（電子マネー）**を使う，等に限られていました。しかも③の決済機能の使用は
カード運営会社による厳しい制約（運営会社の審査に通らなければ利用でき
ない）が課せられていました。また④は注目されつつも，当時はまだ普及に
至ってはいませんでした（第4章で説明するように今日これが利用される機
会は増えましたが，使われる機会の多くは商品やサービスの購入です）。すな
わちネットバンキングが普及する前では，寄付をしようとする者は資金を渡
そうと思っても，金融機関の窓口に自分で出向かなければならないという負
担も併せて負わなければならなかったのです。

　この状況に変化が見え始めた例として，2001年のアメリカの同時多発テロ
発生の際，世界的に注目を集めた，ネット書店として事業を始めていたアマ
ゾンドットコムによる赤十字社への寄付の取り次ぎ（アマゾンが通常利用し
ていたクレジットカード決済を利用して顧客から資金を受け取り，それを赤
十字社に渡す）の事例が挙げられます。これ以降，クレジットカード決済利
用の例は増えていくこととなりました。

　また2000年代より資金決済を仲介する事業者がアメリカのペイパル他次々
と登場したほか，既存銀行のネットバンキング活用が個人向けも含めて進ん

だこと（当初必要とされていた専用アプリや利用開始のための特別な費用等が不要となったことなど）から，今日では資金の受け渡しは重要なトピックではなくなってきています。日本でも最近はさらに**キャッシュレス化**（「○○ペイ」）が，特に買い物等の支払いにおいて進みつつあります。買い物で使える（消費者⇒事業者へ支払い）ということはそれ以外の支払い（個人⇒個人へ支払い）でも使えるということです。

　組織化され継続性のある現在の寄付型の仕組みは，2000年に発足したイギリスのジャストギビングが最初であると言われています。ジャストギビングは，非営利団体がジャストギビングのウェブ上で計画を発表し，支援者はそれらの中から支援したい団体を選んで，クレジットカードあるいはデビットカードを利用して寄付をするという仕組みです。2003年にはアメリカでも同様の仕組みが始められ，2010年には日本でも同様の仕組みが始まりました。日本での取組みは当初ジャストギビングジャパンという名称でしたが，2015年にジャパンギビングに名称を変えています。日本での同様の取組みは今日，ギブ・ワン他，いくつかの団体によって実施されています。

　寄付金の募集は多くの場合目標金額が設定されており，目標が達成されたり募集期限が到来したりすると，CFの運営者は寄付者の申告した寄付金額をクレジットカードや口座振替等により集金し，寄付金額からCF運営者の定めたシステム利用料（集まった金額の15％程度）を差し引いた金額を寄付募集者に渡します。募集者は寄付者に感謝礼状等を送ることとなります。システム利用料を事情に応じて減免する例も見られます。

　次に寄付における特定の事業（者）を選んで資金を出す動機について，考えてみましょう。寄付をする側は，以前よりその活動を知っていてかつ応援をしたいと考えていた事業（者）以外に対しても，寄付を行うことがありえます。その際の基準は，上述の「交換」的な性格，得られた資源によって適格なアウトプット，活動の成果をもたらすことの期待ということになろうと考えられます。ということは，寄付型CFにて資金を集めようとする事業（者）がするべきことは，資金を出そうとする者にとってその事業が好ましいものであるということを伝えることだけではありません（もちろんそれが重要なのは当然ですが）。自分（自団体）にはそれを実行する能力を持っていること

を伝えることも重要です。ではそれらをどのようにしたら伝えることができるでしょうか。寄付を求める事業者が示すべき事柄は，実は，ベンチャーキャピタルから資金を得ようとするベンチャー企業と共通する部分が多いのです。すなわち，事業の遂行が可能と見込めるような人材や実績を有していること，もしまだそれらを持っていないとしても持ちうる見込みがあることを，募集開始時点とそれ以降の成長プロセスのなかで寄付を検討している者に対して適切に示すことです。ただし，実施能力とは別のアプローチで，お金を出したことで満足が得られることを訴求するアプローチもあります。

3-2-3　購入型クラウドファンディング

　購入型CFとは，資金の出し手への対価として，資金を必要とするプロジェクトの実施の成果物である商品・製品等や，ステッカー等記念品の送付を約束して，資金を集めるタイプのCFです。送付される品物等は金額に換算すると拠出金額を大幅に下回る例が通常ですが，お金を払い何かを受け取るという形態から，購入型とか購買型と称されています。多くの場合，資金を集めるに当たり目標金額をあらかじめ設定し，募集期日までに目標金額を達成したときに，様々な決済手段を利用して拠出者から集金し，寄付型と同様に集まった金額からCF運営者の定めたシステム利用料（5〜20％程度）を差し引いた金額を，資金を募集した事業者に渡します。拠出者はプロジェクトが当初の目標を達成したときには，お金を出した人は支援金額に応じた金銭以外の商品やサービスを，リターンとして受け取ることができます。

　2000年代後半に，クリエーターやアーティスト等を支援する仕組みとして購入型CFが登場したとされています。しかしまもなく，アートに限らず具体的な商品開発の資金集めのツールとして活用する例も見られるようになりました。それらの中でも特に著名な成功事例とされているのが，2009年に創業したアメリカのCF事業者キックスターターが取り組んだ，世界初のスマートウォッチ（コンピュータの機能を内蔵した腕時計）であるペブル・ウォッチ開発のための資金集めでした。この取り組みは世界的な反響を呼び，短期間のうちに支援者数で8万人近く，総額2034万ドル（約22億円）あまりを集めることに成功しました。

購入型CFの目標金額達成成功率は様々であり，キックスターターの2016年時点，実績で約36%でした。成功率は，CF業者や対象プロジェクトの分野によって大きな違いがあるようです。ともあれ，プロジェクトを実施するために資金を集めようとする事業者は，まず目標金額達成に成功しなければなりません。この成功のためには，資金集めの推進力となる協力者や，協力者とのSNS等を利用したネットワークが重要との指摘がなされています。アメリカで売られているCFの入門書では，目標達成のためのロードマップが紹介されていたこともありました。それらの要点を簡潔に紹介しておきましょう。

　多くの人々から資金を集めるためには，まず多くの人々にプロジェクトの存在と魅力を知ってもらい，「欲しい／協力したい」と思ってもらう必要があります。一方，今日CFでお金を集めたい事業者は多数いるため，CF事業者のウェブサイトにおいてより多くの人の目にとまるための努力が必要です。もちろん目にとどまっただけで資金を出してくれる人ばかりではありません。それらの人々を巻き込むための努力も必要です。プロジェクトや製品商品の魅力を伝えること，プロジェクトを実現させる能力を事業者が保有していること，実現のために事業者が真剣に取り組んでいること（意思）等を，想定する資金の出し手に的確に伝えていく必要があります。具体的には，資金の出し手があこがれるような有名人がプロジェクトを支援していること（の広報）が，魅力を伝える手段として使われることもあります。資金集め成功前に，プロジェクトを開始しそれの進行をSNS等で発信することで，支持者の数を増やしたりより親身になって考えてもらうようにしたりといった方法もあります。

　この購入型CFは，今日企業の資金調達ツールとしても注目されています。注目の理由は，単に事業に必要な資金を集めるということだけでなく，商品サービスの周知広報や市場調査の機能もそれが果たすということにあります。目標金額達成のために上記のような手段で広報周知することが，同時に商品サービスの広報周知になっていることは説明するまでもないでしょう。もしその広報周知の努力にもかかわらず支持者すなわちお金を出そうとする人が集まらなかったとしたら，それは商品サービスの市場がまだ十分に存在して

いないことを示していると言えます。すなわち購入型CFは市場調査・テストマーケティングの機能も，プロジェクトを実施しようとする事業者に対して有していると考えられるわけです。もし市場がまだ存在していないということがわかったならば，それ自体，事業者が次にとるべき戦略のヒントとなるでしょう。

　一方，購入型CFには問題点もいくつか指摘されています。プロジェクトに取り組む事業者側の問題から見ていきましょう。1つには，資金集めのツールとしては以上で説明した付帯する機能の一方で，広報のための活動において通常の資金集め以上の事業者の積極的な関与が必要となりうること，つまり高コストになってしまう可能性があります。また目標金額を達成できても，その資金を活用したプロジェクトの実施において予定通りの商品サービスの完成と供給（資金の返礼品の送付）に失敗する可能性があります。失敗してしまったとき等の資金の出し手への対応にさらに失敗してしまったときは，資金の募集に使用しているインターネットという媒体の性格上，「炎上」の発生により取り返しのつかない事態を招いてしまう恐れがあります。

　お金を出す側においても，そもそも事業者がプロジェクトを実際には行わず，結果として返礼が予定通りになされない恐れがあります。プロジェクトの進捗状況に関する周知広報については法的な義務等は存在しておらず，事業者側の自主性に任されています。すなわち資金の出し手にとっては，資金を出す時点での「能力と意思」についての見極めしかできないということです。CFプラットホーム提供事業者においても，資金の受け渡し後の責任はとりようがありません。この手法が，狭い意味での金融（将来お金を返す約束）ではなく，消費のための購買の予約（将来時点での商品サービスの受け取り）でしかないからです。

　利用しようとする者双方が，これらの内在する問題点を了解し，適切な判断と行動をとることが求められます。この問題は，実は寄付型についても同様に内在しています。

3-3　市場メカニズムの活用

3-3-1　融資型クラウドファンディング

　本節ではCFの中でも「交換」的性格の強い2つのタイプについて見ていきます。前節のCFでは資金の出し手が得られる可能性のあるリターンは，モノや社会が好ましい方向に進むことでしたが，本節でのリターンは基本的にはお金です。

　ところでお金によるリターンには，3-1-4で触れたように2つのタイプがあります。出し手の視点でいうと，貸したお金の元本と利息の返済を受け取るタイプと，資金を出した対象の事業の成果（事業の儲けからの配当や，出資した権利を第三者に譲渡することによる収入）を受け取るタイプです。前者は「**融資**」と呼ばれ，後者は「**出資・投資**」と呼ばれます。ここでは「融資」型のクラウドファンディングを見ていきます。

　「融資型」の基本的なスキームは，プラットホーム（事業者）がインターネット上で資金を必要としている資金の受け手とその概要，金利や返済条件等を明示し，それにお金を貸しても良いと考える資金の出し手を求め，予定の金額を集めることができる等所定の条件が満たされると，プラットホームが集めたお金で貸出を実行。期限が到来し借り手がお金を返済したら，プラットホームが出し手に資金と金利を戻すという仕組みです。プラットホームは，借り手からの受取利息と出し手への支払利息の差額を収入として得るという事業です。出し手個人（Person）から借り手個人（Person）へと資金をつなぐという意味で，PtoPレンディングと呼ばれることもあります。

　このタイプはさらに2つのグループに分けることができます。1つは，2005年3月に創業したイギリスのZOPAのような，借り手をクレジットスコア（信用度）と希望借入金利でグルーピングし，グループに対する資金の出し手を募集するタイプで，マーケット型とも呼ばれます。ZOPAは，主にイギリス国内で集めた資金（インターネットの特性ゆえ国外の投資家も対象となります）をイギリス国内の借り手につなぐビジネスをしています。もう1つは，2005年10月にアメリカで創業したKIVAのような，資金が必要な事情など借

り手個別の内容を明示して資金の出し手を募集するタイプで，オークション型とも呼ばれます。KIVAは先進国の出し手の資金を途上国の小規模事業者に貸す，マイクロクレジットを組み合わせた仕組みですが，貸出先を国内にすることも当然可能です。

　同じような取り組みを行う事業者はわが国にも登場しました。2007年8月設立，2008年10月にサービスを開始したmaneoは，当初はKIVAと近い資金を必要とする事業者が明確なタイプでしたが，後述する事情によりZOPAタイプにビジネスを変えました。一方2008年3月設立，2009年12月にサービスを開始したAQUSHは，ZOPAと近いタイプでした。ほか，ソフトバンクインベストメントグループのSBIソーシャルレンディング（ZOPAと近いタイプ）などが取り扱いを開始しました。

　英米では，ZOPAに引き続き創業したアメリカのPROSPER（2006年創業），Lending Club（2007年創業）などが事業を拡大し，近年では一般銀行と事業提携を行う例（レンディング事業者の貸出先債権を一般銀行が投資運用商品として取得する等）も見られ，進化と成長が続いています。

　一方わが国では，投資家にとってミドルリスク・ミドルリターン（回収不能となる危険性はある程度あるものの，配当の期待もやや高めとなる）の運用商品として一時利用が急速に拡大したものの，今日勢いが衰えている感があります。なぜそのような状態にあるのか，事情を簡潔に説明します。

　わが国では「貸金を業として行う（収入を得る手段として何度も貸し出しを行う）」者は**貸金業の登録**をすることが義務付けられています。新たに融資型CFを始めようとする事業者が，2009年に金融庁に対して事前の相談確認（法令適用事前確認手続，と言います）をした際に，貸出債権（お金を返してもらう権利）が資金の出し手である投資家に移ることがあるような契約関係にある場合には，投資家は貸金業の免許を持っている必要があるという判断がなされ，一般投資家から資金を集めるのは実質的に困難となりました。この結果わが国のプラットホーム事業者は，貸出先を特定しないグループ向けに資金を集めるタイプのみに取り組むことになりました。

　わが国での資金を多数の投資家から集めて運用する契約では，商法に規定されている**匿名組合契約**が用いられています。この契約方法は融資型だけで

なく，次項で説明する投資型においても資金集めの基盤として用いられています。実はこの匿名組合契約の特徴が，わが国の融資型CFの停滞につながった面もあると言えます。匿名組合契約では，資金の出し手は預け先（この場合はプラットホーム事業者）に対して業務の状況の報告は求めることができるものの，業務の決定と実施に口を出すことはできないためです。

「貸出先の不特定」と「口出しをする権利がないこと」が合成された結果として発生したのが，プラットホーム事業者及びそこから資金を受け取った貸出事業者による，健全とは言えない融資の実施（極端な例としては，貸出事業者のグループ企業への融資など）の横行と焦げ付きの発生でした。実は投資家が期待したミドルリスクではなかったわけです。2018年7月にmaneoの資金を集めるプラットホームとなる企業に対して，金融庁から行政処分が下ることとなり，このタイプの取り組みの成長と展開に冷水を浴びせることとなったのです。

一方で，海外ではこの融資型CFが消費者金融の新たなカタチ（信用度が高い者は従来の消費者金融業者等からの借入よりも有利な条件で借りられる一方，投資家にとってはミドルリターンの運用商品となる）として，同時に銀行業務のサポート（消費者宛て融資リスクの外部化と運用収入の源）としても注目を集めています。わが国においても，業法との関係性や基本となる匿名組合契約を見直すことで，あらためてその活用を検討してみる価値はあるように考えられます。

3-3-2　投資型クラウドファンディング

ここでは前項冒頭で説明した「出資」のタイプを見ていきましょう。このタイプも2つに分けられます。1つは前項で紹介した**匿名組合契約**を用いて集めた資金を事業者に預け，事業者はその資金で事業に取り組み，その成果を契約で取り決めしたスキームにしたがい資金の出し手に配当するタイプで，もう1つは小口株式への出資（株式投資）を行うタイプ（株式出資型CFとも呼ばれます）です。

後者は，2012年にアメリカで制定された**JOBS法**（Jumpstart Our Business Startups法。中堅・中小企業が新規株式公開により証券市場からの資金調達

を行えるようにした制度）を参考に，わが国でも2015年から新規株式公開に関する規制の緩和が行われることで，取り扱いが可能となりました。ただし，金額規模が小さく取扱事業者の収益性が見込みにくい一方で，情報開示やそれへの責任等の取扱事業者の負担が少なくなく，わが国においては事業者の参入は見られてはいるもののまだ成長があまり見られていない状況です。

　一方，事業の成果から配当（儲けの配分）を行うタイプのクラウドファンディングは，ある程度の成果をあげ始めています。代表的な取り組みとして，ミュージックセキュリティーズ株式会社による「セキュリテ」が挙げられます。

　同社は独立系ミュージシャンがCDを作る資金を集めるためのプラットホームとして創業しましたが，日本酒の新酒を仕込むための資金を集めるファンド（仕込んだ新酒が想定通りに売れないときにはお金の代わりにその新酒が返ってくることも）の運営や，2011年の東日本大震災の際に取り組んだ「震災復興ファンド（被災企業の復興のための事業資金を集めますが，投資家の出した資金の半額は始めから返済不要（寄付）とするもの）」で広く注目を集めるようになりました。その後，国内各地の地域金融機関との協働の取り組みを進めるなど，多様な展開を行っています。この地銀との連携は匿名組合契約によって集めた資金の返戻が成果の配分によって行われること，一般的な借入よりも返済の優先順位が劣後していることなどから，この方法によって集められた資金を「資本性借入」として認めるという2011年の金融庁の判断が出されたことが起点となっています。自己資本の不足により地域金融機関が貸し出しをしづらい中小事業者の資金調達と体質強化策として，一般金融機関も着目するに至った経緯があります。

　またセキュリテ以外にも，地域の大学や金融機関，有力企業等が連携しこれに取り組む山口県山口市のKAIKAのような取り組みも見られます。

　実は匿名組合契約による資金調達の動きは，一般金融機関からの資金調達がしづらい市民セクターの資金集めのツールとして2000年以前より注目されていました。NPO法人が福祉施設を開設する資金集めの方法として利用した例や，市民による再生可能エネルギー事業の設備資金（風力発電の風車の購入と設置等）集めの道具として利用された例も少なからずありました。しか

し，この契約を用いた資金集めが悪質事業者により乱用されたことから（高利回りによる運用をうたい資金を集めて逃亡する詐欺等），**投資家保護**の視点からこのような仕組み（特定の事業に対して不特定多数の投資家を募り投資する集団投資スキーム）の利用には免許（**金融商品取引法**2種免許）が必要とされることとなりました。セキュリテも KAIKA も当然，この免許を保有し事業を行っています。

　投資型CFの資金の受け手にとっての特徴を考えてみましょう。調達コストを考えると，実はそれほど魅力的とは言えない面があります。投資家＝資金の出し手への金利相当の配当に加え，プラットホーム事業者への利用手数料等の支払い（一般に年利換算で元本の5％以上）があるからです。しかし，資本性借入として自己資本の強化と金融機関から見てもらえることに加え，CFを利用することが事業や商品等の広報手段となるメリットは，事業者によっては大きいといえそうです。

　次に資金の出し手にとっての特徴を考えましょう。詳しくは次節で述べますが，前述の融資型CFでは貸金業規制ゆえにできなかった，応援したい事業・事業者に直接に資金支援ができる（反対に，支援したくない事業者に資金を渡さないことができる）という心情的なメリットは，ESG投資（社会的責任投資）の勃興期にそれに個人投資家からの資金が集まり成長を始めたように，特に個人投資家等には実は大きな誘因になるのではないでしょうか。もちろん匿名組合契約を利用することに起因する，事業の運営には関与できず，契約での取り決めに従い，成果に応じた配当を受け取るだけという制約はあります。単なる応援ではなく資金の運用と考えるならば，その出資判断に当たって，個別の事業計画・概要を出し手（投資家）自身が分析し，事業の成否と将来の配当の可能性を検討する必要があります。

　なお，わが国の融資型CFをめぐる規制については，金融庁の2019年3月の法令適用事前確認手続き回答により，特定の条件を満たす場合には，集めた資金の貸出先を匿名にしなくても良いとの判断がなされています。

3-4 金融（市場メカニズム）活用の前提

3-4-1 旧来の金融と新たなあり方

　NISA（小額投資非課税制度）やiDeco他の，個人の資金を預貯金から株式等への投資に向けていこうとする制度の設置等もあり，株式や債券等に投資をする人も徐々に増えつつあります。しかし，わが国の個人の資金運用がこれまで「銀行預金」に偏っていた面は否定できない事実です。このような前歴ゆえか，バブル崩壊以降長く続いている低金利等の追い風的な要因はあるものの，それでも多くの人にとって運用（自分のお金を他者に託してリターンを得ること）の方法は，相変わらず銀行預金という状況の大勢はあまり変わっていないのも事実です。しかしCFへの注目とそこに流入する資金の増大は，金融のあり方の変化の兆しと言えるのではないでしょうか。

　お金を銀行など金融機関に預け，銀行がその資金を仲介する，すなわち貸出（運用）して得られた利息収入から預金者が利息を受け取るような，資金の使い手の事業の成否が直接には資金の戻りに影響しない構造のあり方を，**間接金融**と呼びます。貸出イコール間接金融ではありません。一方事業者等に対して直接お金を渡し配当等を得るような，事業がうまくいかなかったらお金が戻ってこない可能性もあるような構造のあり方を，**直接金融**と言います。株式投資はこれに当たります。前項で見てきた投資型CFも，プラットホームが一旦資金を預かりプールするものの，運用先（資金の利用者と事業）を自分で決めつつ，さらに将来の資金の返戻が事業の成否により決まる点において，直接金融に近い性質を持つと言えるでしょう。

　ところでわが国で，これまで間接金融が特に個人の運用方法において圧倒的だったのはなぜでしょうか。海外ではアメリカのように，個人においても株式運用のシェアの高い国も見られます。この問いへの回答は，それだけで分量的に論文どころか1冊以上の本になりかねないので，ここでは間接金融が活用されているその構造に起因する特徴，メリットを考えていきましょう。

　貸し手と借り手は利害が対立しています。貸し手は安全な借り手に対してできるだけ高い金利で貸したい一方，借り手は実情よりも好ましい事業状態

であると伝えることで，より良い条件（安い金利等）を引き出そうとします。前に述べた**情報の非対称性**が存在しているため，貸し手は借り手の実状を完全に把握することは困難です。しかし，貸し手はリスク（返済されないリスクや，危険度に見合わない低金利の適用）を避けなければならないので，様々なコストをかけてリスクの低減を図ることとなります。いわゆる主力取引銀行（企業が振込の受け払いや借入など取引の多くをそこで行うような銀行）であれば，取引先である借入事業者の預金口座の異動状況を把握し，借り手の事業の状況を詳しく知ることが可能です。間接金融の仕組みによる銀行など預金を扱う金融機関のビジネスとは，預金等の取引から得られる情報をもとに投資家に代わりリスクを負担し，収益を得ることもできます。そしてそのような情報収集は，一般的な資金の出し手には困難です。資金の出し手にとっての間接金融のメリットは，ローリターン（低い金利収入）になる代わりに少しでも貸し倒れリスクを減らせることと言えます。逆に直接金融は，投資家各自がコストをかけて適切な情報を入手し，そのうえで適格な投資判断をすることで高いリターンを求めるものである，ということが特徴と言えるでしょう。この「情報の入手」に関する状況が近年変化を遂げつつあります。次の章で詳しく見ていきますが，ICTの発達の影響です。

　例えば株式公開をしている企業の場合，公開が認められる前提の1つとして，年次決算と事業の状況を詳細に記した**有価証券報告書**を公認会計士の監査を受け作成し，金融庁に提出することが求められています。しかし，過去においては一般投資家が有価証券報告書を閲覧することは容易ではありませんでした。国立国会図書館等それが保管されている場所に閲覧に行かなければならなかったからです。しかし，開示システムEDINETによって誰でもインターネットでそれを閲覧することが可能になっています。

　とはいえそもそも，年次の**有価証券報告書**や3か月ごとに作成する四半期報告だけでは，物事の動きがますますスピードアップしつつある今日においては，十分な情報の受発信とは言えない状況となっているのも事実です。それを補うために，企業が積極的にメディアのリリースに頼らない情報発信を，インターネットのウェブサイトを活用し，行うようになってもいます。ただし，それらの情報発信内容が適正であるかどうか，どこまで信用できるのか，

有価証券報告書のような監査を受けていないこともあり，その真実性や適格性への疑い，リスクは残ります。

　それでも資金の出し手側にとっては，ICTの発達が情報収集コストの低減やスピード（素早い入手）をもたらしているのは事実です。そしてそれが，直接金融的な投資のあり方が今日成長する追い風になっているということは可能でしょう。

　一方で，リスクを好まない（その分低い金利を受け入れる）投資家が存在するならば，リスク負担者としての間接金融機関の役割はなくならないと考えることも可能でしょう。リスクの評価に関しては，AI（人工知能）の発達がこれを補う展開（AIによる投資アドバイスサービスなど）を想定することもできますが，これについては第4章で見ていきます。

　間接金融と直接金融とでは，資金を調達する側の属性においても違いが見られることになります。間接金融においては，金融機関は預金者の**善良な代理人の義務**として十分な注意をしたうえで，資金を安全に運用することが求められます。したがってその資金の拠出の判断においては，これまでなかったようなリターンや**インパクト**（社会に対する影響）が期待できるかわりに不確実性の高い相手よりも，確実に資金が戻ることが期待できる既存で安定的な事業に取り組む相手が優先されることとなります。間接金融においても，貸出相手の選別（好ましくない相手には貸さない）を行う例はありますが，そのような事例においては，あらかじめ預金者に対して選別の基準を周知しています。すなわち一般的な銀行等においては，いろいろな意味で「尖った（これまでなかったような）」事業者に対する貸出は行われづらいことになります。

　一方直接金融においては，与信判断が難しくなる面はあるものの，ESG投資のように資金の出し手の想いを反映することが可能です。CFで新たな事業や社会的に意義のある活動に対する資金の投入が増えつつあるということは，お金の出し手が資金を託すに当たって自身の想いを反映しようとする動きと見ることもできるでしょう。すなわち新たな資金投入のあり方は，社会的課題の解決に取り組む主体への資金の流入にもつながる可能性があると言えます。3-1-4で見たアメリカのコミュニティー投資のような，市民らによる地域

社会を良くしていくための取り組みに資金を託す環境や動きが，わが国においてもできつつあると言えそうです。社会的課題の解決に資金の出し手として市民や地域社会が参加する新たな時代の到来と言えるかもしれません。ただし資金が期待通りに戻るかどうか，想定通りの社会的成果が上がるかどうかについて，資金の出し手それぞれが行うべき与信判断は，容易ではありませんが極めて重要です。このあたりについてもう少し詳しく見ていきましょう。

3-4-2　金融（与信）の前提

　本章3-1-3でも簡単に説明しましたが，投資を含む金融とは，異なる時点間での交換（約束の履行）であるため，相手の将来時点での約束の履行（元手に加え金利相当分の回収）がなされる見込みがなければ出し手は資金を出しません。そしてこれも前述の通り，その見込みの判断に当たっては**意思**と**能力**を有するという条件が満たされる必要があります。しかしそれらの評価と判定は簡単ではありません。取り巻く状況が将来どうなるかが不確定なうえに，将来時点で人がどのような行動をとるのか正確に予測することも困難です。ヒトの意思決定に完全な合理性はないということは，定説となっています。

　意思の予測については，過去の行動実績をヒントにするしかありませんが，将来において過去と同じ行動をとる保証はありません。資金の出し手はその行動の見込みを見極める能力を持つ必要があるのですが，残念ながらその能力の獲得は容易ではありません。多くの人の行動事例をなるべく深く学ぶことで，予測の精度を高めることはできるかもしれません。しかし繰り返しになりますが，ヒトの将来の行動に「絶対」はないのです。

　一方能力は，事業の計画（書）によってかなりの程度まで知ることができます。将来の計画を作るためには，①現状を分析する能力，②分析結果を判断する能力，③判断を活かし立案する能力が必要です。これらはすべて，望ましい将来を意図通りに実現するために必要な能力です。したがってこれらがなかったり，不足がある場合には，その不足を補う支援者が明確でない限り，他者から資源の提供等の協力支援を引き出すことは容易ではありません。

これら3つの能力に加えて，計画をやり遂げる意思も重要です。十分な能力があるにもかかわらず意思（意欲）の弱さから達成できない例は，読者の皆さんの身近でも見ることがあると思います。なお細かく見るならばこの意思は，お金を返す意思とは必ずしも一致しないところがあることに注意が必要です。返すお金があるならば，課題の解決に再投資したいと考える人もいるからです。それが課題の早期の解決につながる可能性はあるかもしれませんが，約束が守られないことは，特に出し手にとっては大問題となることがあります。

　さらにこれらの能力と適切な意思を有することを，資金等の出し手に的確に伝える能力も求められます。すなわち計画とその伝え方から，事業に成功し約束を履行しうる能力，成功の可能性を推測することが可能となるのです。

　金融（与信）の相当に踏み込んだ説明を続けてきましたが，その目的は，課題の解決における資金やモノのやり取り，すなわち交換メカニズムを利用する機会を増やすことの重要性を理解してもらうためです。そして交換の利用が増加していくためには，資金の受け手と出し手の双方が上記を踏まえつつ，行動を改善することが求められます。次ではそれぞれのやるべきことについて，見ていきましょう。

3-4-3　資金の受け手と出し手，改善努力の方向

　まず受け手（資金を必要とするもの）に求められるものから見ていきましょう。資金を円滑かつ必要な金額を出してもらうためには，出し手側が認識する回収への不安，リスクを低減することが重要です。そのためにやるべきことは，まずは前述の3つの能力とそれらを有している事実を伝える力を増していくことです。取り組みをやり遂げる意思（とそれを伝えていくこと）も重要ではありますが，それで支持と支援が集まるのは，解決しようとする課題が旬（多くの人が関心を有している時期であること）であり，かつ寄付型，購入型CFなど互酬タイプに限られるのが普通です。交換タイプでも，出資タイプで資金を出す人が見つかる可能性はありますが，きちんと返済してもらえる可能性という合理性を考えないような資金の出し手は，受け手にとって別のリスク（事業者に対しても合理的ではない要求をしてくる恐れ）を

持っていることがありますので，注意が必要です。社会的課題の解決という意思だけで突っ走ってしまった結果，周囲から次第に必要な支援が得られなくなり，課題の解決に至る前に組織が継続できなくなってしまうような例も少なくありません。意思だけではゴールにたどり着けないこともあるのです。意思と3つの能力のバランスも大切です。

　では，これらの能力はどのようにすれば高めることができるでしょうか。計画書を実際に作成し，同じようなことをやり遂げた経験などを持つなど，それを適切に評価できる人に見てもらうことが，結局は近道であるように思われます。

　伝える力についても，具体的に考えてみましょう。伝える目的は支援の獲得ですので，適切な相手に対して，適切な媒体を用いて，適切な内容と表現で，戦略的視点を持って情報を届ける工夫を実践することになります。さらにICTのおかげで双方向のやり取りが容易になっているため，これの有効な活用も必要に応じて実施するべきです。すなわち，一方的な情報の発信伝達に止まらず，情報の受け手（資金の出し手候補）からの反応があった際には，適格で的確な対応レスポンスを行うことで，相手の好意をより多く集めたり好意を持ってくれる潜在的な支援者を増やしたりすることも可能となります。

　ただしその発信については，情報の内容等に関して適切かつ責任ある開示が重要です。不適切であること等がもしも露見した場合には，「炎上」が待ち構えているからです。情報の双方向性の発達は，相手への対応の重要性も高めていることに注意が必要です。

　次に出し手について考えてみましょう。資金の受け手の持っている上記諸能力や意思を見極める力が，当然ながら重要となります。ただし，すべての人がこれを持つことが容易ではないことも事実です。最低限の金融に関するリテラシー（元々は読み書きの素養のこと。基本的に知っているべきことを意味します）を持っていれば遭わないような，投資関連の詐欺にかかってしまう人が少なくない以上，投資家保護の規制は必要と言わざるをえません。ただ2-4-1で書いたように，ICTの発達により旧来に比べて出し手側の情報を低コストで得ることができる環境が整ってきていることを考えるならば，資金集めにおける規制のハードルは高く保ちつつも，一定の要件を満たした投資

家に対しては低いハードル設定を認めるやり方の拡大を考えても良いように思われます。実は現時点でも「要件を満たした投資家」に関する規制の緩和は一部で行われていますが，「有価証券残高10億円以上保有し証券会社等の取引が1年以上あるもの」など，かなり厳しい要件となっています。ICTの発達と投資先を自ら選びたい個人投資家の意欲の高まりという環境の変化を前提とするならば，「貯蓄から投資へ」の推進のためにも，例えば自動車運転免許資格のように一般の人でも勉強研鑽をすることで選択肢をより増やせるような制度の創設について，検討を始めても良いとも考えられます。

　また投資の素養においては，資金の受け手についてだけではなく，「市場」についての理解も重要となります。「証券市場とは美人投票のようなものだ」という表現がなされることがあります。これは「他人が美人と思うであろう候補者に投票することで，自分の投票した候補者が他の候補者に勝ち，美人と認められる」ということ，すなわち「他人が価格が上がるであろうと考えるような株を買うと儲けることができる」を意味しています。この言葉は市場の性格をよく表していると考えられます。本書の射程を離れて行ってしまうので詳しくは述べませんが，特に他人の「美人」の基準がどのように決まるかを考えてみると面白いと思います。

　投資においては，各投資家個人のリスクについての考え方も重要です。ファイナンスの理論では「リターンはリスクに比例する」とされていますが，いくらリターンが大きくなるにしても，許容できるリスクの大きさは人によって異なります。このリスク許容度ゆえに，自分ではリスクの高い直接投資を行わず，リスクの低い間接金融に依存するという判断はありえます。リスクを正確に評価する能力も重要と言えるでしょう。

　さらに，資金の受け手と出し手を媒介する仲介者&評価者についても求められることを明確にしておきましょう。メディア（媒介者）としての適格性を保持するために，情報の真実性確保のための工夫や適切な行動をとることが今後一層求められると考えられます。十分な注意をせずに虚偽の情報を流してしまったことで，その情報により損失を受けた者から，損害賠償を請求される可能性も考えられます。

　最後に，以上の市場に参加する者全員に求められる基本的行動原理について

も，書いておきたいと思います。それは単に「法を守ること」を超えて，法の背後にある「法の精神（より良い社会を実現するための行動原理）」を考えて行動することです。これは理想論的な話ではありますが，自分たちだけが儲けようとする強欲な資本主義を超越し，交換メカニズムの使用によってより良い社会の実現を目指した方が好ましいのではないか，という考え方です。

3-5　総括

　本章では，旧来の行政（再分配）一辺倒から，市民（互酬）に加えて，新たな担い手営利事業者（交換）の活用という地域課題解決のための行動主体の変化と，交換活用のための金融の重要性（第1節），新たな資金供給ツールであるクラウドファンディングの中でも互酬タイプについて（第2節），交換タイプのクラウドファンディングについて（第3節），金融のあり方の変化（直接金融化により可能となる社会的課題解決の取り組みへの資金流入の可能性）と望ましい行動のあり方（第4節）について説明してきました。金融は，社会をより良いものにしていくためのツールとして活用できるということ，ICTの発達によって可能となった昨今の金融の動きはまさにこの路線上にあるということ，さらに活用するための前提などについて，ここまで書かれていることをヒントとして，読者の皆さん自身にも考えてほしいと思います。

　3-1-4で説明したアメリカのCDFIは，CDFIファンド等政府の支援を得ることで，荒廃する地域の再開発に貢献をすることができました。このような政府の支援も重要ではありますが，それに加えてお金の出し手側が自分にとって好ましい相手に資金を託そうとしたことも重要です。

　わが国でも投資型CFなど，出し手にとって好ましい相手先事業者への直接金融が行われる動きが始まっています。そしてその動きを推進していくためには，現行制度の改善，特に匿名組合契約における資金の出し手を保護するための機能の強化や，より低いハードルでリスクをとることが可能となる

制度の設置や整備が急務と言えるでしょう。

　一方で，これも本章の冒頭3-1-1で書いたように，法制化は容易なことではないのも事実です。そうであるならば，「社会的課題解決のための資金の供給」にかかわる当事者それぞれが，より好ましい環境を作り出していくために，現行法制の範囲内においてすでに存在している法律等に加えて望ましい自主ルールを，利害関係者による議論に基づき設置し運用してくという方法が，望ましい進め方と言えるかもしれません。本章冒頭で述べたように，法律による対応には制約があるからです。自主ルールの順守に加えて，当事者プレイヤー各々が自己利益のみの最大化だけでなくより良い社会の実現も，思考の一隅におきつつ行動するだけでも，好ましい方向への変化は進むと考えられます。

　「道徳的な行動を取るべし」と押し付けるような意図はありません。交換が行われる「市場」は3-4-3で説明したように美人投票の原理が支配している場です。この美人の基準がおかしな方向に進まないようにすること，言い換えると，参加者それぞれがおかしなものを褒めたり認めたりしないことだけでも，変化の方向性は好ましいものになるのではないでしょうか。

　なお本稿では取り上げませんでしたが，課題の解決に多様な主体がかかわる仕組みを構築し，匿名組合契約を組み合わせた**ソーシャルインパクト・ボンド**によって，取り組みを運営するための資金を調達する動きが，日本においても見られ始めています。同ボンドは，課題解決の成果が上がれば行政（再分配）から資金が事業の運営者に支払われ，その資金でボンドに出資した人に資金が返済される一方，もしも成果が上がらないときには出資した人に資金が戻らないこともあるという，互酬となる可能性を含みながらも，基本的には交換タイプを利用したユニークな仕組みです。これに対して資金を出す／出さないの判断も，基本的にはここまで説明した方法で考えることが可能です。

　社会的課題解決と資金調達というテーマは，社会が豊かになった一方で様々な課題が噴出している現代だからこそ，多くの人々による様々な思考と工夫（実践）が続けられていると言えるでしょう。

● この章の重要ポイント

1. 実際に社会的課題の解決に当たるものは，政府から市民やNPO，そして企業へと拡大してきました。これに伴い，政府が主体のときにはあまり話題に上らなかった，解決に当たる取り組みのための資金源にも関心が寄せられるようになりました。

2. 政府（再配分），市民（互酬），企業（交換）には，それぞれの原理となるメカニズムについて「○○の失敗（常にうまく機能するわけではないこと）」があるため，単独で取り組むことは上策ではありません。複数以上のメカニズムを組み合わせて，場合によっては協働し課題解決に取り組むことが求められます。

3. 資金調達に当たり，交換メカニズムを基盤とする金融が注目されています。金融には副作用もありえますが，社会的には交換への参加者が増え，より多くの資金が回る可能性や，受け取る側にはそれによってエンパワーメントを得られるなどのメリットがあります。

4. 金融以外の資金供給，例えば再配分の配分時や互酬の寄付においても，交換同様にその資金から得られるものを考えることが少なくありません。また，社会的な取組みへの市民による（将来金銭が回収できる）資金預託は，1970年代のアメリカにおけるコミュニティー投資より見られ始めています。

5. ICTの発達により可能となった，インターネットを使い少額を広く多数から集めるクラウドファンディングが注目されています。4つのタイプに分けることが可能ですが，寄付型と購買型は互酬タイプと言えるものです。

6. 融資型と投資型はお金で戻ってくるという意味で，元々の金融のあり方の中にあるものであり，交換タイプと言えるものです。ただし互酬タイプにおいても，それで何が得られるかという交換タイプ的視点が組み込まれている面があるため，その仕組みを利用する調達に当たってもそれへの配

慮が重要です。

7．日本ではこれまで，資金を供給する先は金融機関に任せる間接金融が支配的でした。しかしクラウドファンディングは市民自身が資金供給の相手を決められる（不成功のリスクも負う）直接金融的なあり方です。ICTの発達によって，資金の出し手と受け手の情報交換がしやすくなったことから直接金融化の基盤ができた一方，出し手である市民側も，自分で供給先を選別する動きが現れてきました。社会的課題の解決に市民がお金の出し手として参加する新たな時代が到来し始めたといえそうです。

8．この資金の流れは金融の性格（異時点間の交換）を持つものであるため，資金の受け手が出し手に対して，自分が成果をあげる意思と能力を持っていることを的確に伝えることが重要です。一方出し手側も，出し手側の情報を的確に判断する能力を持つことが望まれます。両者間の情報のやり取りにかかわる「ルール」については，法律対応に伴う限界があるため，自主的な制定が望まれます。

参考文献

井上智洋『MMT現代貨幣理論とは何か』（講談社選書メチエ，2019年）

絵所秀紀『開発と援助』（同文舘出版，1994年）

大前和徳『クラウドファンディングで始める1万円投資』（総合法令出版，2014年）

菊池・清水・田中・永岡・室田編著『日本社会福祉の歴史―制度・実践・思想（改訂版）』（ミネルヴァ書房，2014年）

酒井良清・前多康男『新しい金融理論：金融取引のミクロ的基礎から金融システムの設計へ』（有斐閣，2003年）

佐藤慶幸『NPOと市民社会―アソシエーション論の可能性』（有斐閣，2002年）

サラモン／山内直人訳『NPO最前線』（岩波書店，1999年）

妹尾賢俊『みんなと幸せになるお金の使い方』（角川フォレスタ，2012年）

セン／池本・野上・佐藤訳『不平等の再検討』（岩波書店，1999年）

セン／黒崎卓・山崎幸治訳『貧困と飢饉』（岩波書店，2000年）

谷本寛治『CSR企業と社会を考える』（NTT出版，2006年）

谷本寛治編著『ソーシャル・エンタープライズ　社会的企業の台頭』（中央経済社，2006年）

谷本寛治編著『SRIと新しい企業・金融』（東洋経済新報社，2007年）

塚本一郎・金子郁容『ソーシャルインパクト・ボンドとは何か』（ミネルヴァ書房，2016年）

ドミニ／山本利明訳『社会的責任投資』（木鐸社，2002年）

ハイエク／田中眞晴・田中秀夫訳『市場・知識・自由:自由主義の経済思想』（ミネルヴァ書房，1986年）

福光寛『金融排除論：阻害される消費者の権利と金融倫理の確立』（同文舘出版，2001年）

フリードマン／斉藤・雨森監訳『市民・政府・NGO―「力の剥奪」からエンパワーメントへ』（新評論，1995年）

ヴェブレン／高哲男訳『有閑階級の理論』（ちくま学芸文庫，1998年）

ボウルディング／猪木・望月・上山訳『社会進化の経済学』（HBJ出版局，1987年）

ポランニー／玉野井，栗本訳『人間の経済I』（岩波書店，1980年）

水口剛・國分克彦・柴田武男・後藤敏彦（1998）『ソーシャル・インベストメントとは何か』（日本経済評論社，1998年）

山岸俊男『信頼の構造：こころと社会の進化ゲーム』（東京大学出版会，1998年）

一般社団法人ゆうちょ財団『わが国ソーシャルファイナンスの実態的研究』（2017年）

ユヌス／猪熊弘子訳『ムハマド・ユヌス自伝：貧困なき世界をめざす銀行家』（早川書房
1998年）

※なお，わが国の融資型CFをめぐる規制については，金融庁の2019年3月の法令適用事前確認手続き回答により，特定の条件を満たす場合には，集めた資金の貸出先を匿名にしなくてもよいとの判断がなされています。

第4章

最新の金融テクノロジーと
社会的課題の解決

　最新の情報テクノロジーと金融テクノロジーの結合は，人々が利用することができる金融サービスのあり方に劇的な変化をもたらしています。そして新たなサービスを有効に活用することによって，社会的課題の解決に大きな利点をもたらすことが期待されます。

　本章では暗号通貨も含め，最新の金融機能とその実践事例状況を解説し，これからの有効活用について検討を行います。まず金融デジタライゼーションの動きや第3章で詳しく見た与信以外の金融サービスの領域を概観します。続いて，金融のそれぞれの領域におけるICTの発達に伴う新たなサービスの事例や動き，社会への影響を見ていきます。次にビットコインなどで知られる暗号通貨とその応用について検討し，最後にこれからの日本社会におけるフィンテックの展開への期待と望まれるものを見て，総括を行います。

4-1　ITと金融（フィンテックの登場とその背景，それが可能にするもの）

4-1-1　金融デジタライゼーション

　第3章でも簡単に触れたように，スマートフォンの爆発的な普及やIoT（Internet of Things　現実世界に存在している様々なモノがインターネット上

の仮想的な世界につながっていること。これにより，スマートフォン等の情報機器を通して離れた場所にある機器等の操作が可能になる等のメリットがあります）の進展に見られるような，ICT（Information and Communication Technology）の発達に伴う社会のあり方の変化は，金融の領域にも様々な変化をもたらしつつあります。そのような金融における情報技術の活用を総称し，**金融デジタライゼーション（金融のデジタル化）**と呼びます。

実は過去においても情報技術の進展による金融サービスの進化は，70年代以降の個別金融機関内部の勘定のオンライン化や銀行間を結ぶネットワークなど（これにより銀行のATMで他銀行の口座から現金を引き出せるようになったのは，実はそれほど昔の話ではありません），着々と続いてきておりました。しかし，2000年代以降は従来の「金融機関」の枠を超え，金融機関以外の事業者の金融領域の事業への参入など社会全体を包括した，過去になかったレベルでの変化が進行中です。

ICTを活用することで開発された新たな金融サービスは，**フィンテック**（FinTechすなわち金融と情報技術の融合を意味します）と呼ばれています。第3章で説明したクラウドファンディングなども，インターネットの進化が可能にした新たな金融供給と調達の手段という意味では，フィンテックに含まれると言えます。

ところで「金融供給と調達の手段」と書きましたが，第3章で述べてきた資金の供給（与信）は，実は金融サービスの大きく4つに分けられる領域のうちの1つにすぎません。次ではこの4つの機能領域それぞれについての概説を行います。

4-1-2 金融サービスの4領域

金融サービスの4つの領域，①**送金・決済**，②**貯蓄・運用**，③**貸出与信**，④**保険**，それぞれについて見ていきましょう。

①送金・決済

支払いや貸借などのために人から人へと資金の移動を行うサービスです。このサービスについてはその進化版をあとで見ていくこともあるので，発祥

図表4-1 金融サービスの4つの領域

送金・決済	支払いや貸借などのために人から人へと資金の移動を行うサービス。「資金決済に関する法律」に基づく資金移動業の免許の取得が必要。
貯蓄・運用	余剰現金を持つ人から現金を預かり，安全に運用し金利を付けて，預けた者に払い戻すことで，資金の運用の機会を提供するサービス。「銀行法」に基づく銀行業の免許の取得が必要。
貸出与信	資金を必要とする人に資金を貸付し，金利と合わせて返済を受けとる，資金調達の機会を提供するサービス。貸金業法に基づく登録が必要。
保険	将来の不慮の支出発生に備えて拠出された資金を預かって運用し，契約内容に応じた保険金を支払うことで，このサービスを利用した者のリスクの軽減を行うサービス。「保険業法」に基づく保険業の免許の取得が必要。

出所：筆者作成。

から現在に至る経緯から見ていきましょう。日本史で勉強したかもしれない，江戸時代の両替商が行っていた「為替」業務の話から始めましょう。

　遠隔地にいる受取人に対して支払い等のためにお金を送る必要があるときに，現金を自分で持って現地を訪問し相手に直接渡すのは，時間がかかり身体的にも消耗するほか，移動している途中に盗まれたり襲われたりする危険が存在します。これらのコストや危険を回避するための送金手段として開発されたものが「為替」でした。お金を預かった両替商が**為替手形**を発行し，送金を希望する人はそれを送り先まで運んでくれる事業者に託します。手形には受取人が明記されていますので，手形を運送業者が横取りしても盗難に遭っても，資金は彼ら犯罪者には渡りません。運送事業者から手形を受け取った人は，それを現地の両替商等に持ち込み現金を受け取ることができます。大まかにはこのようなシステムです。もちろん日本だけでなく，多くの国で同様にお金以外のものを媒介とする仕組みが利用されてきました。そして安全な送金手段の発達が，都市部以外の地域での産業の発達に貢献してきました。

　しかし，この方法では運送の時間がかかるほか，紛失や盗難が起こったときには，横取りはされなかったとしても，取り戻すためにはさらに時間がかかってしまいます。これを防ぐ方法が，金融機関の口座間の移動，送金のサービスです。送金者と受取者が同じ金融機関で預金口座を開くと，送金者か

ら受取者への資金の移動は，同じ銀行の中で行うことができるので，現金の移動をしなくても送金ができることになります（銀行の帳簿上のＡさんの口座から送金金額を減算し，Ｂさんの口座に同金額を加算します）。これを拡大し，他の銀行間（海外も可能）としたものが，現在の送金の仕組みです。ただし日本国内での銀行間の送金では，「銀行のための銀行」である日本銀行がありますが（日本銀行にあるＸ銀行の口座の資金をＹ銀行の口座に移動），海外向け／海外からの場合は日本銀行のような役割をするものを見つけなければなりません。国内送金だとほぼ瞬時に資金（預金残高）の移動が行われますが，海外への送金が到着までに時間がかかる最大の理由はここにあります。

また郵便制度の発達したわが国では，現金そのものを封入し受取人に送る**現金書留**が，かつて広く使われていました。この方法だと，送る側も受け取る側も資金を受払する場所に出向く必要がありません。しかし，横領や盗難の起こらない信頼できる郵便制度が構築されていることが前提として必要となります。

現在わが国では，このような為替取引を業務として行うためには，**資金決済に関する法律**に基づく**資金移動業の免許**を取得することが必要とされています。

詳しくは次節で説明しますが，最近日本でも急速に発達してきたスマートフォン等を使った支払いシステム「○○ペイ」が，この延長にあることは感覚的に了解できると思います。

②貯蓄・運用

余剰現金を持つ人からそれを預かり，安全に運用し金利を付けて，預けた者に対して払い戻すことで，資金の運用の機会を提供するサービスです。第３章で説明した間接金融（資金を余っている人から預かり〈利息を払い〉，不足している人に貸付する〈利息をもらう〉）の，預かる側の機能です。

現在わが国では，預金を預かり利子を付けて払い戻す業務を行うためには**銀行法**に基づく**銀行業の免許**を取得することが必要とされています。

ちなみに前章の融資型，投資型クラウドファンディングで用いられる匿名組合契約のような，資金を預かり契約に基づく配当を行う業務を実施するた

めには，原則として**金融商品取引法に基づく免許**が必要です。

③貸出与信

　資金を必要とする人に資金を貸付し，金利と併せて返済を受ける，資金調達の機会を提供するサービスです。間接金融の貸出す側の機能です。重要なポイントである貸出可否の判断については，第3章でかなり詳しく説明しましたので，ここでは繰り返しません。貸出と投資の異なる点についてのみ触れておきますと，投資は事業全体が成功しないと回収ができませんが，貸出は返済の期日に現金がありさえすれば回収が可能となります。

　現在わが国では，金融機関以外が業として他者に資金を融通し元利金の回収を行うためには**貸金業法に基づく登録**が必要とされています。

④保険

　将来の不慮の支出発生に備えて拠出された資金を保険料（掛金）として預かり蓄え，一部を運用し，契約内容に応じた保険金を支払うことで，このサービスを利用した者のリスクの軽減を行うサービスです。

　現在わが国では，このような保険取引を行うためには**保険業法に基づく保険業の免許**の取得が必要とされています。

　金融機関の提供するサービスの領域は，以上の4者に分類できます。ただし，実際に提供されている商品サービスには，生命保険会社が提供する一時払い保険のように②と④を同時に提供するものもありますし，銀行預金口座からの公共料金の引き落としや定期的な送金サービス等があるということは，銀行預金口座は①と②を同時に提供するものと言えます。銀行の口座でマイナス残高を許容するカードローン口座は②と③の複合と言えるでしょう。

　一方①から④のサービスはさらに詳しく見ていくと，複数以上の細かいプロセスのつながりからできていることがわかります。例えば③貸出与信は第3章で見たような与信判断というプロセスを経ているほか，その判断の途中でも事業状況，経営者，資産状況等様々な調査や判断のプロセスが存在しています。①と②の複合である銀行の預金口座は「現金の安全な保管」と「支

払い準備」と，「利息の付与」から成り立っているとも言えます。これらのプロセスの分解と（再）統合（くっつけ直すこと）を行うことで，多くのフィンテックの新しい事業が生まれています。次はこれについて見ていきましょう。

4-1-3　アンバンドリング，リバンドリング

　アンバンドリングとは上で書いた，プロセスを細かく分解することを指します。リバンドリングとは，細分化されたプロセスを新たにまとめ直すことで新たなサービスを作り出すことです。なぜそれらが今注目されるのか，それらがなぜ新事業を生み出すことにつながるのか，考えてみましょう。

　まず背景として，ICT の発達や，コンピュータの性能の向上があります。それらの恩恵によって，大量のデータや情報を素早くかつ正確に処理することが可能となりました。過去においては人の手によって行われていた帳簿の記入や計算，結果の伝達などの作業の自動化が，これまでも着々と進んできていましたが，技術は進化のスピードをさらに増しつつあります。

　情報やデータの処理を機械（コンピュータ）にさせるためには，機械がどのように動くのかを規定するプログラムを作る必要があります。プログラムにおいては，機械への指示命令はシンプルなものでなければなりません。複雑な指示は，シンプルな指示の連なりとして表現される必要があります。そうでなければ様々な機械に使える共通の「言語」が持つべき指示の言葉が，膨大な数となってしまうからです。したがって機械に仕事をさせるためには，させようとする作業のアンバンドリングがまず必要となります。

　このような事情で分解が行われる一方で，分解することでビジネスとしてやりやすくなるという事情もあります。特に新たにビジネスを興そうとするベンチャー企業の場合，初期段階においては人も資金も限られた状態であり，大きなマーケットを相手に複雑なサービスを構築しそれを運営していくということは，容易ではありません。複雑なサービスのうち特定の範囲のみに取り組むのであれば，成長途上のベンチャー企業であってもそこの部分に資源を集中することができるため，大手の事業者との競争に負けないことも可能となります。

さらに4-1-2で見たように，「セット」としての金融サービスを提供するビジネスを実施するためには，免許や登録が必要となります。紹介したのは日本の場合ですが，海外においても金融領域では一定の免許や資格が求められるのが通常です。しかし「セット」の一部を，しかも対象顧客を限定することによって，事業を行うことが可能となることがあります。特定のプロセスに資源を集中し優れたサービスを作り出すことによって，むしろ既存の金融機関からそれらが顧客に提供する金融商品サービス（セット）の一部分を受注，アウトソーシングを受けるということもありえます。第3章で紹介したアメリカで見られる融資型クラウドファンディングと既存銀行の協働は，これに当たると言えます。

　ただしあまりに細分化されたサービスでは，社会のニーズを満たすことができないのも当然です。したがって分解したプロセスを適格に再構成しつなぎ合わせる（リバンドリングする）ことが，ビジネスとして対価を得ていくためには必要になります。何をどこまでリバンドリングするか，範囲の選択によってもビジネスの成否は変わってくるでしょう。これまでに存在していなかった新たな金融関連サービスも今後登場するかもしれません。

　以上の事情から，アンバンドリングとリバンドリングはフィンテックにおける重要な概念，キーワードとなっているのです。

　次節では，すでに登場しているフィンテックのサービスを，先に書いた金融サービスの4つの領域ごとに見ていきましょう。アンバンドリングとリバンドリングのポイントを考えながら読んでください。

4-2　フィンテックの様々な展開

4-2-1　送金・決済

　2019年からわが国でも，商品やサービスの購入に当たっての現金に代わる新たな支払い方法として，**モバイル決済サービス**（いわゆる「○○ペイ」）が本格的に広まり始めています。小銭を持ち歩かなくても良いことや，スマー

トフォンで2次元バーコードを読み取り，簡単な操作で支払いができるという使い勝手のメリットに加え，2019年10月に消費税率が引き上げられた際にキャッシュレス・ポイント還元が政府主導で行われたことなども，その普及の背景にあると考えられます。

　この支払方法の普及でわが国に先行している中国では，この支払方法が個人商店などにも広く急速に普及した結果，業界大手であるアリペイやウィチャットペイを用意できていない旅行者などが，必要な買い物をできずに困るというような話も聞こえてきます。日本でそこまで普及が進むかどうかは本章後段で検討しますが，スマートフォンの普及という背景もあることから，これまでに存在していた現金支払いに代わる手段，クレジットカード（利用を始めるためのカード会社の審査や，支払から店舗口座への入金までのタイムラグや手数料などが普及のネックに）や**電子通貨**（独自のものの場合発行元の信用から利用金額を大きくできないうえに，導入コストが少なからずかかること，それらによって利用できる場所が限定されていたことが過去普及のネックに）などと比較し，今後も広く使われる可能性は高いと考えられます。

　ただし利用者視点で見るならば，現在のようなモバイル決済サービスブランドの乱立は，どのサービスを使うべきかの意思決定がしづらく，それが普及の妨げになる可能性もあるように思われます。そのこと自体には悪い点もありますが（いわゆる独占，寡占の弊害。サービスの供給者の都合によってルールが事実上決められ，利用者側が不利となることがある），中国の代表的な支払いシステムの数が2つであることからも，少数（2〜4程度か）の銘柄に集約統合されたほうが，利用はしやすくなるかもしれません。

　この支払ツールは，現実でもネット上でも購入した商品やサービスの代金を支払うのに使うことができるわけですが，同じ「○○ペイ」サービスを利用しているスマートフォンの持ち主の間でのお金のやり取りにも，利用が可能です。すなわち，従来は金融機関が独占していた送金サービスに，ICTの事業者が免許を取得し参入してきたものと見ることができます。金融機関のサービスと異なり，「口座」にプールしている残高に利子はつきませんが（利子を付けるためには銀行業の免許が必要になります），銀行窓口に行かなくて

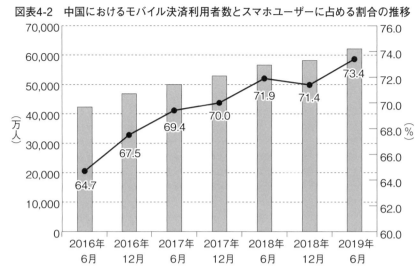

図表4-2　中国におけるモバイル決済利用者数とスマホユーザーに占める割合の推移

出所：JETROの地域分析レポート「社会に変革をもたらすモバイル決済」より。

　も，またパソコンでのファームバンキング（銀行とあらかじめ契約を結びプ
ログラム（アプリケーション）の提供を受け，それを使用して残高照会や送
金等の操作をできるサービス）よりも簡単に送金や支払いができるメリット
は大きいと言えるでしょう。

　ただしこの支払いシステムが有効に使えるのは，経済的な発達による豊かな
生活を背景にスマートフォンが普及している状態が続く限りは，という前提
条件が付きます。スマートフォンは多機能化に伴い価格も上昇しており，社
会の分断と下の層の貧困化がもしも進むようならば，誰でも利用可能なもの
ではなくなってしまう可能性があります（今や一番売れている自動車は，普
通の小型乗用車ではなく軽自動車であることを思い出してください。高価で
非常に多くの機能がついた自動車は一部の人のニーズを満たす一方で，安価
で必用最低限な機能が付いているものを求める人の方が，現在の日本社会で
は多数派となっている面があります）。またスマートフォンの多機能化は，あ
とでも触れますが操作しやすさに影響します。

　そこで低い性能の携帯電話でも使えるうえに操作が簡単な，アフリカ等で

図表4-3　サファリコム（ケニア）のユーザー数推移

	2008	2009	2010	2011	2012	2013	2014	2015	2016	2017	2018	2019
アクティブユーザー（百万人）	-	-	-	-	-	10.5	-	-		19	20.5	22.6
登録ユーザー（百万人）	2.1	6.2	9.5	13.8	14.9	17.1	19.3	20	24	27	-	-
登録店舗（千店）	-	8.7	17.7	24	39.4	65.5	81	85.8	100.7	130	156	167

出所：同社アニュアルレポートをもとに筆者作成。空欄はデータの記載がなかったもの。

利用されているSMS（ショートメッセージサービス）を利用した送金サービスについても，見ておきましょう。その代表的な例である，ケニアなどで携帯電話キャリアであるサファリコムが提供している**M-PESA**を紹介します。

　M-PESAは2007年3月にサービスを開始しました。値段の安価なフィーチャーフォン（いわゆるガラパゴス携帯電話）でも使用が可能で，安い手数料で即時に相手に届ける送金ができることに加え，加盟店で現金の出し入れが可能という便利さから，ケニア国内で急速に普及しました。同サービスはケニア一国だけに止まらず，サファリコムの親会社となるヴォーダフォンを通じ，他国で導入される例も見られます。なお，ヴォーダフォンのウェブサイトによれば（2019年1月時点），M-PESAは現在アフリカ7カ国でサービスが提供されています。アフリカ以外のエリアでは，2014年には東欧のルーマニアにも進出しましたが，赤字を理由に2017年にサービス終了しています。

　M-PESAの利用者についての2009年の調査によれば，都市部に住む概ね男性の送金者と地方に住む概ね女性の受取者という2タイプの利用者があるとされていました。同調査ではM-PESAの普及の結果，送金が少額化かつ頻繁化していること，地方に住む主に女性である受取者が豊かになっていること，都市部で働く男性の里帰り頻度の減少，現金よりも安全であるため貯蓄のツールにも使われていること（近年では銀行口座の開設につなぐサービスも開始），などが述べられています。それらの結果として，送金の普及が経済の

急速な発展に貢献しているといえそうです。第3章で触れたマイクロクレジット（銀行と取引できなかった人への小口貸出）と同様の，エンパワーメント（自分は何かをなすことができるという自尊感情を持つことによって力付けられること）の効果を，誰でも簡単にアクセス可能な送金が有していると言えます。

　ここで，日本の高度成長を支えた社会構造の変化を思い出してください。高度成長の進展に伴い，より高い給料やより良い条件の仕事を求めて人々は地方農村から都市部へと移動を始めました。移住ができない人も，農閑期などに都市部の工場等に出稼ぎに行く人が多数いました。そして都市部で働いて得たお金が地方に送られることで，社会の豊かさが全国に広まっていくという構造がありました。これが，送金の社会的機能（経済発展の不均衡という課題の解決）であると言えます。4-1-2①で触れた為替手形による送金は，江戸時代における商業活動の活性化，農村部の開発の動機につながりました。なお，日本の高度成長期においては，経済活動の発達した都市から開発途上にある地方に現金を送るツールとして，現金書留を使う例が多く見られました。ケニアではM-PESAがこの役目を果たしているということです。

　M-PESAの仕組みを利用することによる海外送金の低コスト化，到着までの期間の短縮などの取り組みも見られます。このような取り組みの普及により，国際的出稼ぎ者の利便性の拡大，「**南北問題**（先進諸国と開発途上諸国の間に存在している国力の格差から発する様々な社会問題）」の軽減につながる可能性も指摘できるでしょう。サファリコムは元々通信業者にもかかわらず，M-PESAというインフラを利用し，小口保険や貯蓄運用商品なども展開しケニアの経済的発展を，金融面でサポートしていると言えます。

　ただし，低コストかつ簡単に利用が可能ということは，利用者にとって便利かつ有利である反面，事故や犯罪に遭遇するリスクを高めます。これに対する制度整備が併せて求められることになるでしょう。他国への移植を考えるならば，上記のルーマニア進出の失敗など，検討されるべきことがまだ多数あります。

4-2-2 貯蓄・運用

　現金が余っている人に対して現金を預かって利息を付けるというサービスは，免許がなければできないという意味で，銀行のみができるビジネスとなっています。なぜ免許が必要かというと，預かった資金を安全に運用し，預金者からの請求に応じて払い戻しをしなければならないからです。そのため行政がその能力を検証し，免許を与えるという運用がなされています。したがって，この領域そのものに新興フィンテック事業者が取り組むことは困難です。ただし日本でも，流通事業者等が免許を取得し，ネット銀行を開始する例は見られます。

　また「預金」のサービスの提供は不可能でも，付帯するサービスを提供する例は見られます。顧客の承諾の元，API（Application Programming Interface コンピュータプログラムの機能や管理するデータなどを，外部の他のプログラムから呼び出して利用するための手順やデータ形式などを定めた規約）を用いて顧客の銀行口座の異動情報を受け取り，異動状況や買い物レシートのAI（人工知能）による分析とアドバイスを行う，「家計簿サービス」を提供する事業者（㈱マネーフォワード，㈱Zaim 他）が，その存在感を増しつつあります。また，AIによる投資アドバイスのサービスも見られ始めています。これらのようなサービスを行う事業は，情報の取得やビッグデータの分析など，まさにICTの発達ゆえに可能となったものであると言えます。

　預金並びに付帯するサービスが社会にもたらすメリットをまとめておきましょう。お金が余っているときにそれを安全に預かり，利子も付けて必要な時にそれを手元に戻すサービスが預金です。このサービスによって，将来の支払いの準備をしておくことが可能になります。また家計簿等の付帯サービスは，計画的な支払い計画や将来設計をサポートします。すなわち安定的な将来の構想をサポートするのが，このサービス領域の社会への貢献であり，将来を考えることができないことに起因する様々な課題の解決に資するということができます。ただしわが国では現在，例外はあるものの基本的には誰でも金融機関口座が作れるため，この貢献は感覚的に理解しづらいかもしれません。

4-2-3　貸出・与信

　資金供給という面では，第3章で紹介説明した投資型クラウドファンディングがまさにこれの例と言えます。本章では預金と同様に，貸出領域に付帯するサービスとそれを利用した新たな貸出事業者について考えてみましょう。

　アマゾンドットコムのような巨大な販売プラットホーム事業者は，それを利用している販売事業者について，その資金の出入り情報について第3章で書いた主力銀行に準ずるデータを持っていると言えます。銀行は長年の取引データ（個社だけでなく業界の平均的なあり方など）の蓄積と分析により，預金口座の異動情報から顧客の資金動向を知り与信判断が可能であったわけですが，巨大販売プラットホーム事業者も取引データ（＝資金のやり取りの記録）を入手することができ，さらにAIを利用したビッグデータ分析によって，各事業者の資金の状況が正常な範囲にあるのか，それを逸脱した状況にあるのかを判断することが可能となっています。すなわち資金の状況が，全体としては正常範囲にあるものの一時的に不足が見込まれる事業者に対して，貸出サービスを提供することが能力的には可能です。さらに，資金余剰と不足に周期性が見られるような事業者に対して，不足する時期の前に貸出の利用を提案するようなビジネスチャンスの獲得も，人手を介することなくAIによる判断で可能となります。

　あとは提供する国や地域の必要に応じて免許や登録等を行うことで，従来の金融機関以外の事業者がこのサービスを提供することが可能となります。

　2000年前後にわが国の少なくない銀行が，主に決算財務データを基に財務状況等を採点し，これに基づき融資可能金額や金利等を決めるクレジットスコア融資を実施しました。しかし，今日これを取り扱う金融機関はほぼ消滅しています。すなわち決算書という特定の時点の静態データだけでは，与信判断の情報として不十分であったということです。一方，動態（資金のやり取り）のビッグデータ分析が情報として使いうるのかどうかの判定には，今しばらくの時間が必要となるでしょう。

　ここまでの説明は事業者（法人と個人）を対象として想定していましたが，消費者金融において個人信用情報等からなるクレジットスコアを使う例も2000年代より始まっています。第3章で紹介した海外で見られる融資型クラウド

ファンディングです。それらでは融資のリスクと直結すると言えるクレジットスコアに基づき，借入希望者の条件（金利水準）が決まってきます。ただしクレジットスコアは個人情報そのものと言える面もありますので，当人から離れたところでそれが共有され利用されることについては，個人情報の保護について検討がなされる必要があると言えるでしょう。

このサービス領域の機能は，第3章（3-1-3）で詳しく書きましたので，ここでは省略します。その機能によって，このサービスが得られないことに起因する貧困という課題状況からの脱出に，貢献できる可能性があります。

4-2-4　保険

保険についても，そのサービス内容に保険金として受け取った資金の運用や配当という要素が基本的にあるために，フィンテックベンチャーがこの事業そのものを開始することは，預金と同様に免許の面からも容易ではありません。

しかしICTやAIの発達の結果として，医療情報等のビッグデータを利用した保険料率の効率的な計算などが可能となることから，保険事業者のサービスが今後変わっていく可能性はありそうです。

またICTによる様々な面での低コスト化の積み重ねによって，従来であれば採算が合わず提供されなかったような，小口保険の可能性が広がります。

過去2000年代にインドなどにおいて，第3章で触れたマイクロクレジット同様に，**マイクロインシュアランス**に取り組んだ例が見られました。小口事業者に対する事業にかかわる小口保険の提供は，彼らの事業についてまわるリスク（売上の予期せぬ減少や経費の予期せぬ増加）の縮小につながるはずのものです。しかし，おそらくは金融リテラシー（それがなければ的確な判断ができず取引において不利になることもあるような，お金に関する基礎的な知識）の不足から保険の意義（リスクの低減）が理解されず，また手持ち現金に余裕がないことから保険料の支払いに踏み切れなかった等の理由により，利用が進まなかったことがありました。

一方近年では，4-2-1で紹介したサファリコムのように，すでに預けているお金から少額保険料を引き落とすという，支払いへの抵抗が少ない形でのマ

イクロインシュアランスの取り組みも見られ始めています。

　さらに今日では，従来存在していなかったような取引を対象とする，小口損害保険商品も見られ始めています。中国での個人と個人の間のネット取引（アリババグループのタオバオ等）でやり取りされる商品に関して，その商品に不良等があった際にその返送料を補償する保険などです。時代の要請に応じた商品サービスが，常に生まれ続けている表れということができるでしょう。それらのサービスの提供が，旧来の保険会社からではなく，プラットホームを提供する主体が免許を取得し，新たなプレイヤーとして参入する例が多いということにも留意が必要と言えるでしょう。

　この領域のサービスの機能は，上に書いたように将来のリスクの低減です。したがって不安の低減によって，不安に起因する諸問題の解決に貢献が可能となります。ただしこれを利用できるのは，事前に保険料の負担ができるものに限られるという制約があります。

4-3　暗号通貨とその応用

4-3-1　電子通貨と暗号通貨

　ここでは近年話題となっているビットコインなど**暗号通貨／仮想通貨**について検討を行います。ところでそもそも**通貨**とはどのようなものでしょうか。仮想通貨と暗号通貨の違いや，電子通貨と暗号通貨の違いはどのようなものでしょうか。「通貨」とその大元である「**貨幣**」についての基本的な検討から始めていきましょう。

　貨幣とは，交換を行うもの同士の媒介（仲立ち）をするものです。貨幣を用いることによって，交換の場に現物を持ってこられないような取引や，多数の交換参加者による多数の交換対象物のやり取りを行うことが可能になります。これが貨幣の持つ**流通手段**としての機能です。また相手方に渡したモノの代わりに自分が欲しいものがない場合に，欲しいものが見つかるまで貨幣の形態で保有することができるという**価値貯蔵**という機能を持っています。

さらにモノの価値を貨幣によってあらわすことができるという，**価値尺度**という機能があり，これらの3つが貨幣の持っている主要な機能とされています。

　このような「貨幣」が，「通貨＝流通貨幣」として多くの人に受け入れられ利用されるためには，それらの人々にその価値が認められ受け入れられる必要があります。価値が認められやすく，しかも短期的な価値の変動が起こらず，かつ持ち運びが容易であるために，古来，金や銀などの貴金属が硬貨の素材に選ばれていたと考えられます。しかし，貨幣として今日多くの地域で使用されている紙幣ですが，その素材である紙自体には価値が認められません。それにもかかわらずそれが使用される理由は，国というその価値を人々に受け容れさせることができる権力が，価値のあるものと定めているからです。これが法定通貨と呼ばれるものです。逆に，権力が価値を受け入れさせなくても，多くの人が3つの機能を認めるものがあったなら，それは通貨となりえるわけです。これの実例が，ビットコイン等ということです。なお法定通貨には硬貨や紙幣等の現金通貨だけでなく，普通預金や当座預金など支払いに使用される預貯金口座（電磁的記録）も預金通貨として含まれます。ビットコインも電磁的記録です。

　電子商取引や電子通貨に詳しい研究者である岡田仁志らによる通貨の分類を見てみましょう。

　今日支払いのツールとなりうる様々な手段が，強制性や決済手段としての利用可否，汎用性（広く多くの場で使われうるか），転々流通性（受け取った人がそれをさらに別の人への支払いに使いうるか）や，管理方法によって分類されています。端末電子マネーとは，日本国内で広く使われているSUICAなどの交通系電子マネーがそれに当たります。一方，コンビニエンスストア等で販売されている，PCやスマートフォンで16桁程度の文字列（暗唱）を入力し使用できるタイプのものが，サーバー型電子マネーに当たります。これらによってわが国での電子マネーの使用が爆発的に広まってはいるものの，モノやサービスを購入する対価としてのみの使用と，実際に利用される金額がそれほど多額ではないというところが，その広まりのポイントと言えるか

図表4-4　法定通貨・電子マネー・仮想通貨の分類

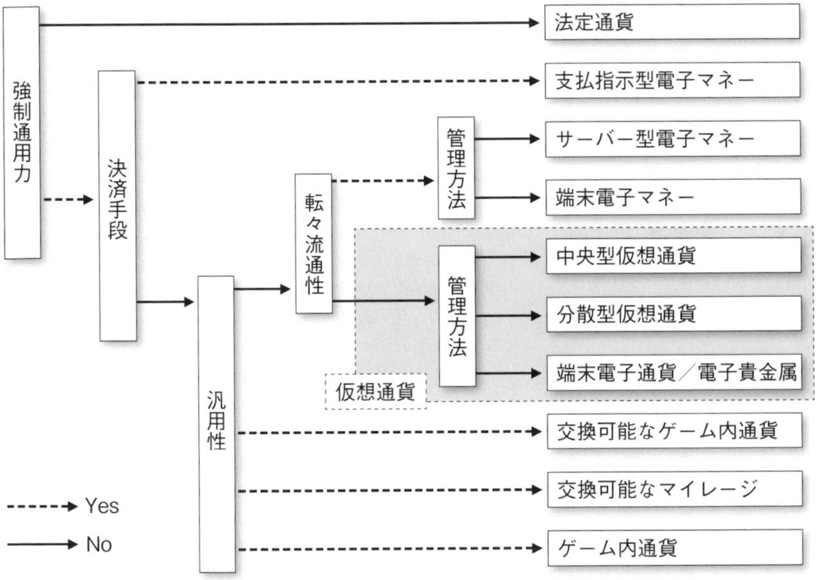

```
強制通用力 ──────────────────────────────→ 法定通貨

強制通用力 ┄┄→ 決済手段 ┄┄→ 支払指示型電子マネー

決済手段 → 転々流通性 → 管理方法 → サーバー型電子マネー
                              → 端末電子マネー

転々流通性 → 管理方法 → 中央型仮想通貨
                      → 分散型仮想通貨
                      → 端末電子通貨／電子貴金属
              〔仮想通貨〕

決済手段 → 汎用性 ┄┄→ 交換可能なゲーム内通貨
             ┄┄→ 交換可能なマイレージ
             ┄┄→ ゲーム内通貨

┄┄→ Yes
───→ No
```

出所：岡田・高橋・山崎（2015）『仮想通貨』。

もしれません。

　さて，**資金決済に関する法律**では仮想通貨を「物品を購入し，若しくは借り受け，または役務の提供を受ける場合に，これらの代価の弁済のために不特定の者に対して使用することができ，かつ，不特定の者を相手方として購入及び売却を行うことができる財産的価値であって，電子情報処理組織を用いて移転することができるもの」と定義しています。決済手段としての利用や汎用性，転々流通性が示されていると言えるでしょう。

　ところで仮想通貨と暗号通貨の違いはどのようなものでしょうか。「仮想」は英語の「バーチャル」の訳語ですが，「バーチャル」は「インターネット上の」の意味で用いられることがあります。一方「暗号」は英語の「クリプト」の訳語であり，「（安全性確保のため）暗号技術を利用した」の意味を含んでいるものと考えることができます。対象の持つ性格の何に目を付けるかによって，名称が選ばれていると考えることができそうです。本書では，次

で説明するビットコインの特徴である「暗号技術」への着目から，「暗号通貨」を使用することとします。暗号通貨が注目を集める理由には様々ありますが，国などの権力の影響支配を受けないということ，そのような特質を持つ分散型仮想通貨というあり方を可能にした，この「暗号技術」すなわちブロックチェーンが大きな要点であることは間違いないと考えられます。

4-3-2　元帳とブロックチェーン

　資金の移動については，「元帳（記録）」の存在が非常に重要です。経済活動は，資金の受け渡しが行われたという事実の大量の集まりから成り立っており，それら（ある時点でＡさんがＢ万円を持っているという事実と，それが正当な取引の結果であること）を後に確認できるようにするためには，それらが記録され蓄積され続ける必要があるからです。

　そのような記録には，誰もがそれが事実であるとして認めることができることと，改ざんされないように保存がなされることが必要となります。両方の要件を満たすシンプルな方法が，権威（権力）によってその記録が正当かつ正統であると保証することです。それによって，少なくともその権威を認める人の間では，安心して資金をやり取りすることが可能となります。しかし一方でこの方法に依存するのであれば，権威によってすべての情報が把握されてしまうことになります。その権威が信用できるものであれば，問題は起きないでしょう。でも本当に権威は常に信用できるのか，という根源的な疑問もありえます。

　権威への情報の集中に頼らずに，誰もが正当かつ正統と認めることができるような記録の方法を利用した「通貨」が，今日見られるビットコインなどの暗号通貨です。権威による保証を利用せずに，改ざんが困難で多くの人が認めうるような元帳を作り出す工夫。それが暗号通貨において広く使われている**分散型元帳**という仕組みです。

　分散型元帳の仕組みは簡単にいうならば，文字通り，記録が1か所に集中して保管されているのではなく，分散して保管されているということです。世界中の自発的で無償で参加している人々の多数のコンピュータが，同じ記録データを保管しているため，それらのデータをすべて改ざんすることは困難

です。すなわち記録の真実性については安心と言えます。ICTが進化し，膨大な情報を蓄えたりそれを短時間で処理したりが可能となり，さらにそれらをネットワークでつなげたからこそ，可能になった仕組みと言えるでしょう。この分散というあり方に加えて，さらにその改ざんを困難にする仕組みがブロックチェーンです。

　ブロックチェーンについての詳しい説明は，是非ともそのために執筆された書籍を読んでください。ここでは前述の岡田仁志の説明に基づき，できるだけ簡潔な説明を試みます。

　ブロックチェーンというものは，その名の通り，ブロックがチェーン（鎖）のようにつながったものです。この「ブロック」は，多数の取引情報記録（AからBにXビットコインを送金）等をまとめた，言わば情報の塊です。

　塊を作るためには一定のルールがあります。要素1（取引情報記録：通常は直前の2000件程度の取引のデータ）と要素2（直前のブロックで見つけられた解答〈直前のハッシュ値〉）に加えて，要素3（ノンスと呼ばれます）を合わせて一定のルール（ハッシュ関数と呼ばれます）を用いた計算を行い，その解答（ハッシュ値と呼ばれます）が事前に定められている要件を満たすようなノンスを探す競争が，大勢の参加者（マイナー〈採掘者〉と呼ばれます）によって行われます。新たなノンスが見つかることでブロックが作られ，そのようなノンスを幸運にも誰よりも早く発見（採掘）できたマイナーは，所定の報酬（ビットコイン）を受け取ることができる，という仕組みです。このハッシュ関数を使用すると，要素1のデータの改ざんがもしも行われた場合にはまったく異なるハッシュ値となってしまううえ，ハッシュ値から元の要素1を推測することもできない仕組みになっています。すなわちこの仕組みを利用しかつ記録を共有することで，改ざんすることが困難なデータの塊をつくることができるというわけです。

　このノンスと新しいハッシュ値を求める採掘は，コンピュータによって行われることになりますが，報酬を得られるのは最も早く回答にたどり着いた者1名のみであるため，競争に参加する者は専用のICチップを搭載したマイニング専用のコンピュータを使用し，大量の電気を使用（それに伴い大量の熱が発生）することとなります。したがって，電気代が安価かつ電力の安定

した供給を得られ，気候が冷涼な地域がマイニングに向いていると言えます。加えて，ブロックの形成にはマイナーが競争することが前提となるので，マイニングコストを上回る魅力的な報酬の支払いが継続できることが，このブロックチェーンのシステムを持続可能に動かすための要点と言えます。

4-3-3　ブロックチェーンのデメリットとメリット，その活用

　上に書いたような仕組みで，ブロックチェーンが暗号通貨（ビットコイン）を支える仕組みとして働いているのですが，実は資金のやり取りの元帳として適しているかどうか，疑問の声がないわけではありません。特に聞かれるのが，マイニングコスト（エネルギーの消費とマイナーを満足させられる報酬の持続可能性）と，暗号としての精度についての疑問です。前者はブロックチェーンを使用する限り避けられない課題と言えます。後者について，もう少し詳しく見てみましょう。

　実はマイニングの難易度は，前述の「解答ハッシュ値が満たすべき要件」を変えることによって調整が可能です。ビットコインの場合，解答算出までに要する時間が10分程度となるような調整が行われているとされます。ただし，現状のビットコインの取引件数（上記「2000件程度」が約10分間に行われる件数と考えられます）が，もしもさらなる普及によって増加することとなったならば，暗号難易度の低下は不可避とならないか，その場合の暗号の安全性はどうなるのか，マイニングをより頻繁に行う必要が出た際に，そのコストをマイナーは負担できるのか（マイナーを確保し続けられるのか），といった問題が考えられます。

　また現状わが国においては，暗号通貨は投機の対象や資金調達（ICO：イニシャル・コイン・オファリングと呼ばれます）のツールとして用いられる機会は多く見られる一方で，本来の機能である交換の媒介物としての役割の普及は，目に見えるレベルでは進んでいません。投機の対象となるということは，そもそもの貨幣に求められていた「価値が短期的には変わらない」とは矛盾します。したがって投機の対象となること自体が，貨幣としての流通を妨げている可能性も指摘できそうです。これらに加えて，中央管理ではなく分散管理であるという元帳のあり方が，それの帰結である資金移動の匿名性

ゆえに，反社会的な活動にそれが活用（悪用）される恐れ等もあります。**マ****ネーロンダリング**（犯罪等の不正行為から得られた資金の素性を不明瞭にすること）に使われることなどです。それらのために，暗号通貨の普及や拡大を積極的には歓迎しない研究者も少なくありません。

その一方で「分散型元帳」のメリットである，すべてを中央で管理しなくても良いことや，外部からのデータ破壊への対抗力の強さ（中央管理の元帳だとその唯一の元帳がもしも破壊されてしまうと信用できるデータが失われてしまいますが，分散型だと一部の保管場所が破壊されてもデータは残存可能です。これが分散型元帳の最大の貢献と言えるでしょう）などを重視し，積極的にブロックチェーンを利用しようとする動きも進み始めています。

東ヨーロッパのジョージア（旧グルジア）共和国は，2017年2月にブロックチェーンの管理台帳の活用を宣言しました。実際に不動産（土地）登記の台帳への活用が2019年12月現在，進められている様子です。不動産登記であれば，資金の移動ほどの頻度も想定されません。また中央台帳を作成し管理するコストがかからないため，それらの仕組みが未整備な国や，台帳（以前は実際の帳簿を使用していたと思われますが，今日だと電子データを収めたサーバーがこれに該当すると言えそうです）の保管場所の安全性を確保しにくい国／社会であるならば，十分検討に値する策と言えるのではないでしょうか。

またわが国でも，地域内で太陽光発電やその売電等を組み合わせたP2P（Peer to Peer。従来の，利用者が一方的に電力会社から電力を購入するのではなく，取り組みに参加する個人や企業が自分で発電した電気を提供したり購入したり，直接のやり取りができる仕組み）電力取引を可能にするインフラとして，ブロックチェーンを活用した台帳システム導入の実証実験が進められています。

4-3-4　暗号通貨の将来

ブロックチェーン（とそれを利用した通貨）のメリットとデメリットはすぐ上で説明しましたが，分散型元帳が可能とする通貨システムのその他のメリットとして，低コストかつ時間のかからない国際送金が可能となるという

図表4-5　P2P電力取引システムの電力とデータの流れ

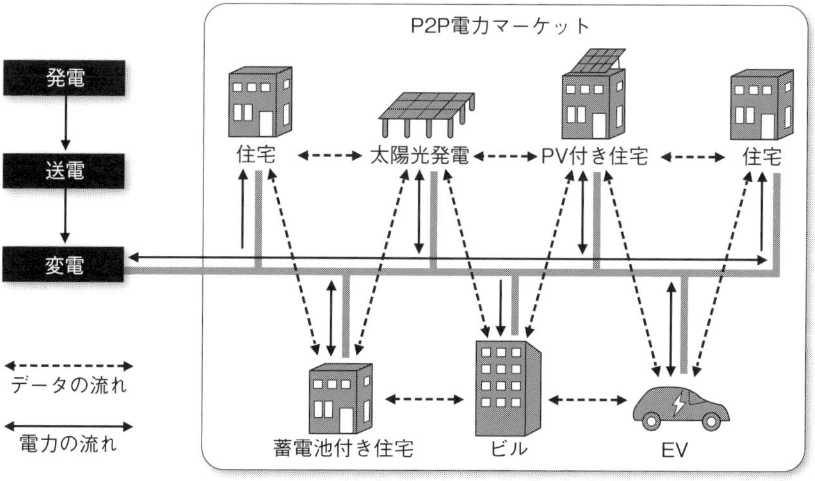

出所：武田泰弘（2019）『電力流通とP2P・ブロックチェーン』オーム社P56より（電力の流れ（取引確定結果）をブロックチェーンにて記録）。

ことが挙げられます。

　4-1-2の送金・決済にて触れましたが，従来国際送金においては，銀行の銀行たる日本銀行のような役割を果たすものがないため，国内送金と比較しコスト高かつ時間がかかるという問題が存在しています。実はこの「日本銀行」が中央型の「元帳」の機能を果たしているのです。同じ元帳の中での資金の移動は低コストかつ瞬時に行われます。一方国際間の送金では，各国の中央銀行という複数の「元帳」をまたぐ取引であるため，暫定的な「元帳」の役割を果たす，送金元A国のX銀行と受取先B国のY銀行の両方が口座を持つC国のZ銀行をさがして，その口座間での資金移動を行う必要があり，そのために手間と時間がかかってしまう，ということが現状のコスト高で遅いという問題の背景にあるのです。

　しかし分散型元帳システムを利用する暗号通貨の場合には，情報通信システム上でつながってさえいれば，必要なコストと時間は国内間の送金と変わりません。これが暗号通貨の最大のメリットと言えます。

　さらに一般的な金融機関の取引は，今日の先進諸国においても，必ずしも

誰もが利用できるという現状にはありません。30年以上前から「金融排除（一部の人々を金融サービス提供の対象から除外し取引を行わないこと）」とそれの帰結（4つの金融サービスが受けられないことによって貧困から脱しにくい状態に留められること）が，欧米においても社会問題として認識されてきました。暗号通貨のシステムが同様の排除を行わないならば，これまで排除されてきた人々を受け入れ，経済的自立へと向かわせることができる金融サービスのツールとなりえます。

　こういった背景があるからこそ，世界的に利用されているソーシャル・ネットワーキング・サービス（SNS）であるフェイスブックが2019年6月に発表した独自の暗号通貨リブラ（Libra）が注目されたと考えられます。ただしリブラにおいては分散型元帳といっても，その元帳の管理を行う者がリブラにかかわるフェイスブック，ペイパル，VISA，マスターカード等の企業群（リブラ・アソシエーションのメンバー企業）に限られることから，これをビットコインとはまったく異なるものと見る向きも少なくありません。ビットコインにおける情報を受け取り管理する者は，有償であるマイナーとは異なりボランティアだからです。またリブラにおいては，ビットコインのような価値（相場）の大きな変動を防ぐための仕組みとして，リブラ発行の裏付けとなる資産（複数の通貨やリスクの低い国の国債など）を保有することとしています。元帳の管理者を限定する理由もこれにあるといえそうです。すなわちリブラは，これまで見られた暗号通貨のどれよりも，通貨に対して求められる機能を果たしうる可能性を有していると見ることができます。

　この可能性ゆえに，これまでのどの暗号通貨よりも普及の可能性が高いリブラが稼働を始めることによって，国の枠を超えた資金の移動が容易になるかもしれません。しかしその移動の容易さを，欧米諸国の政府や中央銀行は各国における通貨の発行と流通にかかわる主権に対する侵害と認識し，これに対する懸念を表明するとともに規制の強化を検討しているという現状があります。さらにそもそもフェイスブックの情報の扱い（SNSは個人情報の膨大な集積とも言えます）に対する根強い不信も存在しています。第3章で説明した3セクター論で見るならば，法定通貨を管理するのが再分配の主体である行政であり，ビットコインの管理主体が互酬の主体であるボランティア

であるのに対して，リブラを管理するのが交換，すなわち受け取る価値に唯一こだわる（逆にいうならば，儲かることを動機として重視する）仕組みの主体である営利事業者が当たるということも，懸念材料となっている面もありそうです。

現在進行中の暗号通貨をめぐる動きに対して，現時点で将来の的確な見込みを書くことは，残念ながら筆者の能力をはるかに超えています。社会課題解決のためのツールとして，より妥当性をもって機能することができるような形で，今後も進化を続けていくことを祈るのみです。

4-4　日本における可能性（人口減少社会と金融サービス）

4-4-1　日本社会の構造的変化

ここでは日本社会の変化と金融サービスのあり方の関係について見ていきます。本章のはじめの方で，高度成長期の都市部と地方農村部の間の経済成長の不均衡の調整に，現金書留が貢献した可能性について触れました。ここで取り上げるのは将来に向かっての展望とします。

わが国の社会において近年特に重要かつ深刻な課題とされているものに，少子高齢化があります。これと都市部への人口集中が重なることによって，地方における人口減少と地域の衰退という現実的問題が発生してきます。そのような時代に，金融サービスのあり方はどのようになるでしょうか。そして望まれる，課題解決に貢献できる金融サービスのあり方とはどのようなものでしょうか。

2014年に日本創生会議が，「**消滅可能性都市**（人口の流出等による減少によって将来に消滅する可能性のある自治体）」という考え方を打ち出し，話題となりました。金融機関（ここでは特に断らない限り，銀行等や保険会社を指すものとします）にとっても，営業地域の人口の減少は死活問題となります。

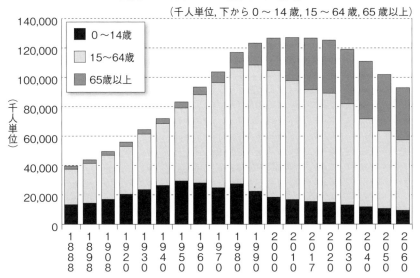

図表4-6　日本の人口動態と人口構成

（千人単位，下から 0 ～ 14 歳，15 ～ 64 歳，65 歳以上）

出所：国立社会保障・人口問題研究所『人口統計資料集（2019 年版）』より筆者作成。

　金融サービスのリアル（現実）での提供においては，サービス提供拠点の周囲に居住している人口が金融機関にとっての潜在的な顧客層（取引をする可能性のある層）となり，すなわち金融機関にとっての将来の稼ぎのタネとなります。もちろんそれらの人すべてが将来取引をするというわけではありません。とはいえ，営利事業者である金融機関が支店などの営業拠点を設置し維持するためのロジックは，現在から将来に向かって稼げる（稼ぎ続ける）可能性があること，です。

　しかし，将来的に消滅の可能性のある地域で営業拠点を維持していくことは，営利事業者としてはできません。顧客数の減少によって，固定コスト（利用の有無にかかわらずかかる費用。店舗の場所を借りる家賃やATM等の機械を動かし続ける電気代など）を賄えなくなる可能性を考えると，拠点の撤退を考えざるをえないことになります。

　人の減ってしまったエリアからの金融関の撤退は，1960～70年代のアメリカにおいて実際に見られました。当時のアメリカの経済成長（「偉大な社会」

と呼ばれました）により豊かになった人たちは，より広くて快適な住居を求めて，大都市中心部から郊外へと住む場所を変える傾向がありました。その結果中心部は富裕層からいなくなり，「空洞化」が進むこととなりました。スプロール現象と呼ばれます。これに合わせて，金融機関も都市中心部の営業拠点を閉鎖する動きが始まりました。実は，空き家となった住居にはアフリカ系など「マイノリティ」と呼ばれる人たちが移り住んできていましたが，金融機関は彼らとの取引を避けました。その結果，荒廃が進んでも資金不足から改修が行われず，都市中心部の環境の劣化が進むこととなりました。これがアメリカにおける**金融排除**の顕在化の起点とされています。この金融排除については第3章でも触れましたが，重要なポイントなのでここでも簡単に説明します。金融サービスを受けられない人々は，貯蓄運用の機会，必要な資金を（返済が可能見込みであっても）借りられず，さらに将来のリスクに備えて保険に入ることもできません。一度陥ったならば抜け出すことの難しい，貧困状態に留めおかれることにつながってしまいます。

　日本では欧米と比較すると，このような金融排除はあまり見られないとされていますが（第2次世界大戦前の郵便局への貯蓄の奨励が起点となっているという説があります），昨今話題になり始めている口座維持手数料の導入と併せて，新たな金融排除（地方の人や手数料が払えない人が金融機関口座を開けなくなる状況）発生の可能性が指摘されます。

　もちろん金融機関は店舗をいきなり廃止するのではなく，規模の縮小や関与の減少（営業店から外部に代理店委託したり，店舗をATMだけにしたり等）から始まりますが，行きつく先はその地域からのすべての事業の撤退です。

　この状況に対して，元々郵便局として地域に根付き，今も全国津々浦々にあるゆうちょ銀行には，セーフティーネットとなることが期待されます。しかし2000年代の小泉政権下の民営化の帰結として，行き過ぎた営利追及の結果としてのかんぽ生命の不正営業問題が発生し，明らかになるなど，どれだけ頼りになるのかは心許ないと言わざるを得ません。

　ところで本章で見てきたように，ICTの発達に伴う金融のデジタル化進展の結果，実は借入や保険の機能や支払の機能など，多くはインターネット経

由によって可能となっています。金融機関がなければ困る最大の理由は，現金を引き出す場所がなくなること（現金への依存）になると考えられます。

　この問題に対する金融新技術による可能な対策のヒントは，本章で見てきたこの間の動きの中に2つ見つかります。現金への依存をなくせないのであるならば，ケニアのM-PESAのような低コストにて商業店舗で現金の入出金をできるシステムを構築することです。一方，現金への依存を脱することができるならば，○○ペイによる代替が解決策になろうと考えられます。

　しかし特に後者については，高齢化が障壁として立ちふさがります。高齢化に伴う運動や認知の機能の低下とスマホ利用の可能性という問題です。このあたりについては次で検討します。前者についても，M-PESAのルーマニア進出の失敗が気になるところです。

　現金への依存を続けることの是非は，金融だけを考えていても回答を出すことは難しいと考えられます。なぜなら，利息が宗教的に禁じられているイスラム金融に見られるように，金融のあり方は社会のあり方に依存するからです。では，どのようなあり方が望ましいのでしょうか。本章では「社会の持続可能性」の視点からあり方を見直すことを提案しますが，詳しくは本章4-5にて説明します。

4-4-2　金融ジェロントロジー

　現在わが国で急速に進みつつある高齢化の進展という問題ですが，これの帰結であるスマートフォンユーザーの高齢化は，現在の使い方を今後も続けていくことができるのかという懸念にもつながります。近年，「金融ジェロントロジー（金融老年学）」という研究が注目を集め始めているので，それの知見を参考に見ていきましょう。

　人は高齢化するにつれて身体・感覚器官が徐々に変化し，ある程度の年齢に達すると行動に制約が伴うようになることは，比較的に想像がしやすいと思われます。制約を受けるのは身体機能だけではありません。認知機能の低下（単に目や耳などの感覚器の機能低下に止まらず，認知症まではいかなくても脳機能の低下などもありえます）についても，少なくない人が経験することになるかもしれません。そのような高齢者の置かれている状況に関する

研究であるジェロントロジーを，資産の選択や資金管理等の金融の問題に活かそうとする研究が**金融ジェロントロジー**です。わが国に限らず，高齢者ほど金融資産を保有する傾向があることも，この研究領域の重要性につながっています。

ただし，もともとアメリカ発祥の金融老年学の対象は，主に金融資産を持つ富裕者層でした。そのためこれまで特に重視されてきたのは，資産管理と意思決定において高齢者の権利を守り保護することでした。

しかし，実は富裕でない高齢者の資産形成も問題含みであることは，わが国において2019年の夏ごろに話題となった「老後2千万円問題（平均的な高齢者夫婦無職世帯では老後30年間で2千万円が不足するという問題)」においても明確です。すなわち高齢に至るまでに行うべき資産形成も，金融ジェロントロジーの1つのテーマとなりえるのです。

それでは，それらの問題に対する新たな金融サービスの貢献にはどのようなものがあるでしょうか。資産管理と資産形成に関しては，預金の付帯サービスであるAIによる家計診断と投資アドバイスの機能の発揮が期待されます。ユーザーが身体機能や認知機能に制約を持っている可能性があることから，それらの提供するサービスが不正のない適切なものであるかどうかを判断できる，基準の明確化が併せて求められることになるでしょう。その基準については，国による法規制を待つよりも，よりスピード感のある対応が可能な，業界団体による業界の社会的責任を踏まえた自律的規制が好ましいと考えられます。

また新たな付帯サービスとして，若年層を対象とし，老後に向けた資産形成を目的とする投資教育のプログラムの提供も期待されます。スマートフォンという携帯情報端末機器を利用したゲーム的要素を持つアプリが，ゲーム内の課金要素に加えて金融関連企業の社会貢献的資金によって提供されるかもしれません。

一方身体機能の衰えへの対応は，金融そのものの対応できる問題ではありません。しかし，金融サービスの提供が端末機器を通じて行われるものである以上，ハードウェアやソフトウェア（アプリ）の開発に，金融サービスの提供事業者が関与することが今後より求められることになるのではないかと

思われます。そこで求められるハードウェアについては，格差の拡大により高価格の製品を購入できない層が増加する懸念から，彼らがサービスの対象から排除されないためにも，高機能よりも操作性を重視し，価格面でも「優しい」機器が開発されることが期待されます。

4-5　金融新技術と課題解決，参照するべき考え方

　本章の総括に当たり，社会的課題と新技術のかかわりを確認しておきましょう。第3章では発生した課題に対する政策的対応について述べましたが，新技術は発生してしまった問題状況に対して，それに伴う損害の発生状況を収束・軽減したり，それが二度と起こらないように予防する等の貢献が期待されます。さらに起こる可能性の高い問題に対して，その軽減など予防的に機能するものも期待することができます。

　地方の人口減少と高齢化の進展という日本社会の問題に対して，新たな金融のあり方は主に「キャッシュレス化」の方向性での貢献が期待されていると言えるでしょう。また預金関連の付帯サービスによるAI投資アドバイスは，資産形成サポート（将来の問題状況の軽減）の面で貢献が期待されます。

　しかしキャッシュレス化の是非と，高齢化に伴う機能の衰えと端末機器の操作性の問題や，機器の高機能化に伴う価格上昇は，重要な課題として残存します。この後者の問題があるため，キャッシュレス化のみの方向性での検討は問題含みとならざるをえないようにも思われます。そうであるならば，あらためてM-PESAタイプの資金移動と現金受払いサービスのあり方も再検討が必要かもしれません。またキャッシュ依存の是非は，金融新技術の外の問題です。

　この「外の問題」に関連して，近年（特に地方の）都市のあり方の見直しとして，コンパクトシティやスマートシティなどの新たなあり方を提言する動きが盛んになっています。それらの議論において，金融サービス供給の視点からの検討も必要と言えるでしょう。なぜなら金融は今日の社会に深く組み

込まれているからです。そしてそれらの議論は，政策レベルだけでなく，キャッシュへの依存のような個人の生活に対する考え方を，見直さねばならない可能性にも及ぶかもしれません。課題解決のための技術開発は，すぐにサービス供用できるような容易なものばかりではないからです。

　ところで「技術的に不可能だから，あり方を変えるべき」と言っても，その想定される「あり方」は非常に多様です。若干極端ではありますが，現金がなくても暮らせる社会（第3章で説明した互酬にもとづく社会）も目指すべき方向性の1つかもしれません。しかし，モノを所有する欲望，他者より優れた地位／位置にいたい欲望を一旦持ってしまった人類が，それらを手放すこと（仏教的には，執着から離れるという意味で，ある種の解脱と言えるかもしれません）は，非常に困難ではないでしょうか。この文脈でいうならば，むしろ人類に内在する欲を活用する方向性の方が，あり得る戦略であるように考えられます。

　この「内在する欲の活用」の現実的な適用例として，持続可能性（サステナビリティ）が重要なキーワードになるのではないでしょうか。生物が本能的に持っているとされる種族保存欲求との親和性が高いと考えられるからです。

　今日様々な場面で「SDGs（Sustainable Development Goals）」の文字を目にすることが多いですが，国際連合によってこれが提唱されるはるか前（1987年）から，「**持続可能な開発**」という概念が同じく国連の周辺で提唱されていました。ここでいう「持続可能」の定義は，「将来の世代のニーズを充足する能力を損なうことなく（今日の世代のニーズを満たす）」ということです。この意味での持続可能性を前提として将来へ向けた構想をすることが，1つの望ましい方向性であるかもしれません。

● この章の重要ポイント

1．ICT の発達に伴い「金融デジタライゼーション」が急速に進んでいます。その要点は，金融サービスのプロセスの分解（アンバンドリング）と再構築（リバンドリング）です。ICT と結びついた新たな金融サービスはフィンテックと呼ばれ，注目を集めています。

2．金融サービスには，①送金・決済，②貯蓄運用，③貸出与信，④保険の4つの領域があります。それらの事業を行うには免許等が通常必要となりますが，アンバンドリングとリバンドリングによって，従来の金融機関等サービスの供給者だけでなく，新たな事業者が参入登場してきています。

3．送金・決済では近年スマートフォンを利用したモバイル決済サービスが急成長を遂げつつあります。ただし格差の拡大による貧困層の増加や後段で述べる高齢化を考慮するならば，ケニアの M-PESA のような"ローテク"技術も注目する必要がありそうです。貯蓄運用では，免許が不要な付帯サービスの提供が登場しています。貸出与信では，第3章で紹介したクラウドファンディングが拡大しつつありますが，海外ではさらに進んで，それらと既存金融機関との連携も見られ始めています。保険では，小口化や ICT によって可能になった個人間取引に関する保険などの新たな動きが見られています。

4．汎用性や転々流動性などの通貨の要件を満たす暗号通貨／仮想通貨が登場し，それに注目する動きが見られます。その特徴である分散型元帳や，それを補強するブロックチェーン技術は，金融以外の領域にもそれの活用が試みられています。

5．今日の日本では，高齢化と地方の衰退の問題が重大な課題として認識されています。地方の衰退は金融機関の撤退を招き，金融排除問題につながる恐れがあります。しかし，キャッシュレス化を進めることができれば，フィンテックによるそれへの対応が可能となります。ただし一方で，高齢

化（に伴う様々な機能の低下）への対応が求められます。

6．高齢化への対応として金融ジェロントロジーの議論が始められています。
　これは元々富裕な高齢者を主なターゲットとするものでしたが，今日貧し
　い側（若年時からの資産形成）への対応も求められています。この部分に
　ついては，金融教育とフィンテックによって問題状況の緩和が可能かもし
　れません。

7．キャッシュレス化進展は従来の暮らし方を変えるものです。また高齢化
　に伴う機能低下への情報機器の対応も必要です。それらを構想するに当
　たっては，「持続可能性」の考え方が重要と考えられます。

参考文献
板谷敏彦『金融の世界史：バブルと戦争と株式市場』（新潮選書，2013年）
岡田仁志『決定版ビットコイン＆ブロックチェーン』（東洋経済新報社，2018年）
岡田・高橋・山崎『仮想通貨』（東洋経済新報社，2015年）
駒村康平編著『エッセンシャル金融ジェロントロジー　高齢者の暮らし・健康・資産を考
　える』（慶應義塾大学出版会，2019年）
神野直彦『地域再生の経済学：豊かさを問い直す』（中公新書，2002年）
清家篤『金融ジェロントロジー』（東洋経済新報社，2017年）
武田泰弘『電力流通とP2P・ブロックチェーン』（オーム社，2019年）
辻庸介・瀧俊雄『FinTech入門』（日経BP社，2016年）
藤田勉『世界のフィンテック法制入門』（中央経済社，2017年）
増田寛也『地方消滅』（中公新書，2014年）
一般社団法人ゆうちょ財団『わが国ソーシャルファイナンスの実態的研究』（2017年）
WCED（Brundtland Commission），*Our Common Future*，Oxford Univ. Press, 1990.

第5章

金融機能を補完する
社会のあり方

　本書は「金融機能を使って社会的課題を解決すること」をテーマにしています。そして，この最終目的は「人々と社会を幸福に導く」ことにあります。本書においてこれまで見てきた通り，社会的課題の解決と金融機能とは密接に結びついています。そしてますます金融の重要性が認識されています。

　我々は現在，高度に発達した金融機能の中に身を置いています。しかし，この章では金融機能がない，または，あっても未発達な時代を考えてみたいと思います。なぜなら，何らかの当時の社会システムが，現代では金融機能が果たしている役割を代替していたと考えられるからです。また，現代においても，知らず知らずのうちに，金融機能を代替する機能が我々の暮らしに根付いていると思われます。それは単に昔の名残でいずれなくなるものかもしれません。逆に，金融機能がこれからますます発達してもなくならないものかもしれません。そして，金融機能を代替する社会システムの背景には，それを維持するための考え方や価値観があるはずです。この本において，いままで取り上げた内容は，「社会的課題を解決するための金融機能」すなわち「お金を利用する」ことが前提でした。しかし，社会システムとして金融機能を補完するものがあるのも事実です。そして，お金や金融機能がいらない世界を考えることは，逆説的にお金や金融機能を考えることにつながります。金融がない世界から出発して「人々が幸せになるにはどうしたら良いか」を考えようと思います。

持続可能な社会についてSDGsをはじめ世界中で論議されています。第1章で述べたようにその達成のためには金融機能の果たす役割が大いに期待されています。一方，筆者は環境問題や貧困問題と同じように，現代のように高度に発達した金融機能の負の部分が持続可能な社会の達成の阻害要因であるとも考えます。お金儲けのためだけに金融機能を利用する人はたくさんいます。最近では，暗号通貨（仮想通貨）のように，まるでお金を儲けることが目的のような金融機能もあります。そして，人々は利益を優先することによって，ものごとの本質を見失っているような気がします。しかし，人間には欲がつきものであり，欲があるからこそ人類は発達してきました。必要なのは「正しい欲」と考えられます。この命題は大いに哲学的であり，かつ正解もないと思っています。禅語に「吾唯知足」（われ，ただ，足るを知る）という言葉があります。どんな状況においても今自分に与えられているものに感謝をして満足せよ，といった教えです。すばらしい教えです。しかし，万民がその教えに従うならば，現代のように社会的課題が数多く存在していても，人々が満足するように考えるべきだから問題がない，ということになってしまいます。有名な喜劇王にチャーリー・チャップリンがいます。彼の主演の映画である『ライムライト』で「人生には，勇気と想像力，それとほんの少しのお金があればいい」と言っています。しかし，どれだけお金や財産があってもそれに満足することがなく更なる欲望を追求する人が多くいます。求めすぎても求めなさすぎても，持ちすぎても持たなすぎても，人々は幸福から遠ざかるのかもしれません。このような矛盾を抱えながら人々は生きています。しかしこの問題は人類が欲を持ったときからの課題です。そして，先人たちはそれに向き合い，そして社会的機能としてその矛盾の調和を図ってきたはずです。先人の知恵があるはずです。それを探っていきたいと思います。

5-1 幸福を考える

5-1-1 先人が語る幸福

　まずは，人の幸福とはどのようなものであるか考えてみましょう。すでに述べたように，人の幸福は金融機能の最終目的だからです。そればかりか，幸福になることは人々が生きる最終目的なのかもしれません。幸福についての私なりの考えを言うと，幸福は人にとって最も大切であることに異論はないでしょう。しかし，幸福の形については様々な意見があり，すべてにあてはまるものはないと考えます。人の数だけ生き方があるように，人の数だけ幸福の形態があると思います。筆者は，自分の幸福は自分で決めるものと思っています。人から見てどんなに不幸でも自分が自分の基準で幸せを感じることが大切です。逆にどんなに世間的には恵まれていても，本人が幸せを感じなければどうにもなりません。そして，これはあくまで筆者の考える幸福であって，幸福を自分の価値観で人に強要することではないということです。幸福の基準を人に強要することほど危ないものはないと考えます。京都大学教授であった新村秀夫が『幸福ということ』という本をあらわしています。幸福についてわかりやすくまとまっている本です。その出版当時の1998年で400冊以上の幸福に関する本があったとのことです。このことは，数多くの本が出版されるほど幸福は重要であり，同じく多様であることを示しています。このような多様な幸福について，先人はどのように考えたのか少しだけ見てみましょう。

　最初の幸福学者は紀元前4世紀のギリシャ哲学者のアリストテレスだったと言われています。彼はその著書『ニコマコス倫理学』で，幸福は，人間が目指す最高の目的である最高善だとしています。ここでいう最高善とは個人ばかりでなく，当時の都市国家を維持するためにも不可欠であるということです。そのためには，何事にも偏らない中庸の徳が重要とします。また，単に道徳的な生き方をすれば良いのではなく，それを支える物質資源と対人資源に恵まれていなければならないとしています。アリストテレスと同時代のギリシャ哲学者であり快楽主義で有名なエピクロスは『エピクロス－教説と手

紙』で，幸福と祝福は，財産があるとか，地位が高いとか，何か権勢だの権力だのがあるとか，こんなことに属するのではなくて，悩みのないこと，感情の穏やかなこと，自然にかなった限度を定める霊魂の状態，こうしたことに属するのである，と述べています。

　東洋に目を向けると，紀元前5世紀に釈迦が生まれました。日本で最もなじみがある宗教である仏教の開祖です。たくさんの苦労があることを四苦八苦と言いますが，これはもともと仏教の言葉で人間のあらゆる苦しみをさしています。釈迦はこの言葉に代表されるように，生きることは苦しみであり，それを取り除くことが幸福への道だと説きました。紀元前2～3世紀において中国では性善説を唱えた孟子や性悪説を唱えた荀子があらわれています。人の本性は善であるか悪であるかどちらが正しいかは別としても，2人とも，人は生まれたままの性質をそのままにすることはなく，それを律する聖人の道を学ぶことが人と社会との幸福につながるとしています。日本の鎌倉時代には浄土真宗の開祖である親鸞がいます。現在，日本の仏教徒を宗派別に分類した場合，浄土真宗に属する人が最も多くなっています。彼は，その師法然の教えを発展させ，どんな人間でも仏（阿弥陀仏）によって生かされ救われるとする「他力本願」で有名です。彼はどんなに苦しくても素直に仏を信ずることが幸福への道だと説いています。室町時代の禅僧に一休がいます。アニメーションにもなった，とんち物語でも有名です。彼は幸せとはなにかと問われたことに対して「祖父母死に，父母死に，子死ぬ」と答えています。幸福を死という言葉を使って逆説的に表現していますが，人が順番通りに死んでいくこと，すなわち自然で当たり前の人生を送れることが幸福だとしています。

　時代はくだり18世紀に活躍した『国富論』で有名なアダム・スミスは，彼のもう一つの主著である『道徳感情論』で，人々はいくら利己的であっても，他人の運・不運に興味を持ち，他人の幸福が自分に快をもたらさなくてもそれが自分にとって必要であると考える原理が存在するとしています。加えて，共感を道徳感情の根幹において，人々が冷静さを失っても社交と会話がそれを取り戻す強力な手段であり，周りの人々と共感しながら生きていくことが幸福であるとしています。アダム・スミスの後，19世紀にかけて活躍

図表5-1　思想家が考える幸福の要素

物質資源 対人資源	悩みがない 穏やかな感情	本性を 是正する学び
自然な生活	日常での 発見	偉大なもの への帰依
外界への興味 バランス感覚	人々の 共感	快楽

した思想家にベンサムがいます。彼は「最大多数の最大幸福」（the greatest happiness of the greatest number）の標語で知られています。彼は，苦痛と快楽が人間の行動を支配する根本原理であり，快楽が善としています。そして，富，友好，名声など14の快楽を例としてあげ，それが幸福の要素だとしています。20世紀に入ると，メーテルリンクは，児童劇「青い鳥」において，チルチルとミチルの兄妹を幸福の象徴である青い鳥を探す旅に出させますが，結局，家にいる鳩が本当の青い鳥であったとしています。幸福はいろいろと探すものではなく目の前にあるということです。ヒルティ，アラン，ラッセルの幸福論は三大幸福論と呼ばれ，いまでも多くの人々に読まれています。ヒルティの幸福論だけが19世紀の終わりに書かれていますが，彼は熱心なキリスト教信者であり，幸福のベースを親鸞と同じように偉大な存在である神を無条件に信ずることにおいています。アランは，幸福は日常生活の中にあり，ゆったりとした気分で近づくべきことであると考え，その具体的な考え方や方法をプロポと呼ばれる短編形式で語っています。ラッセルは「外界への興味」と「バランス感覚」が幸福には大切として，人はどんなときにでも，この2つを忘れず実践すれば，悠々と人生を歩んでいけるとしています（図表5-1）。

5-1-2 幸福をあらわす社会指標

　図表5-2をご覧ください。これは内閣府の「幸福度に関する研究会」の資料です。これを見ると1人当たりGDPの伸びに対して1990年ごろを境に，むしろ日本人の幸福度や生活満足度が低下または横ばいであるのがわかります。図表5-3をご覧ください。これは同じく内閣府の「国民生活に関する世論調査2017」の結果をグラフにしたものです。これから生活に求める豊かさについて，1980年ごろに心の豊かさを求める人が物の豊かさを求める人を上回り，その後，心の豊かさを求める人が伸びています。その結果，現在では，物の豊かさを求める2倍の60％の人が心の豊かさを求めています。日本は第2次世界大戦における敗北で世界において貧困国に陥りました。その後，奇跡の復興を遂げます。グラフにある1980年代には1人当たりGDPは欧米先進国にひけを取らなくなっています。そして1990年ごろはバブルの絶頂期であり，金銭的豊かさが飽和状態に達しています。それにもかかわらず，幸福度・生活満足度が横ばいなのは，当然，幸福には経済的な裏付けが必要であるが，本当の幸せはそれ以外の要素が強く含まれていることを示しています。加えて，経済発展重視だけのひずみが人々の心にあらわれ，統計として顕在化したとも考えられます。

　物質的，金銭的豊かさを代表するGDPだけを社会的な幸福度をあらわす指標として捉えることは前々から批判がありました。例えば，自然災害，火事，犯罪といった人々を不幸にする出来事が起きても，GDPはそれを要因として数値が大きくなります。また，企業が大きな利益をあげるために，不当な高価格で財やサービスを提供してもGDPは大きくなります。この欠点を補うために，様々な幸福度指数が開発されています。「国民経済計算ハンドブック「環境・経済統合勘定」（SEEA, Handbook of National Accounting: Integrated System of Environmental and Economic Accounting）」は，1992年の国連環境開発会議で採択されたアジェンダの提言に基づき，1993年から算出されています。これはGDPに環境勘定を加えています。「国民福祉指標（NNW, Net National Welfare）」は日本のGDPを補うために開発されたもので，GDPに個人耐久消費財サービス，余暇時間，家事労働などを加算しています。「持続可能な経済福祉尺度／真の進歩指標（ISEW／GPI, Index of Sustainable

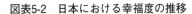

図表5-2　日本における幸福度の推移

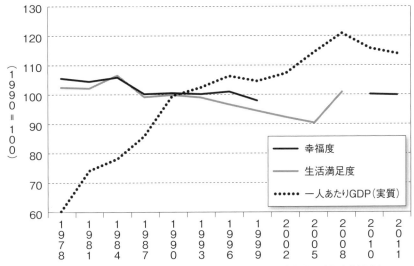

出所：内閣府，幸福度に関する研究会（2011）幸福度に関する研究会報告 − 幸福度指標試案。

図表5-3　これから生活に求める豊かさ

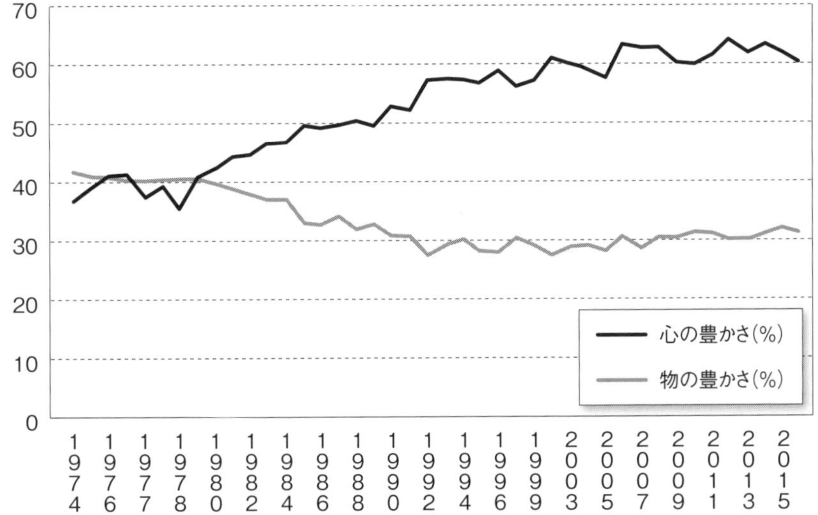

出所：内閣府「国民生活に関する世論調査2017」をもとに筆者が作成。

Economic Welfare／Genuine Progress Indicator)」は1980年代にディリーと
コブ・ジュニアによって開発されたもので，社会・経済・環境のESG三要素
を取り込み，持続可能な社会を意識した指標となっています。「人間開発指
数（HDI, Human Development Index）」は国連開発計画（UNDP）が開発し
て1990年代から発表されています。単純に平均寿命，教育指数，1人当たり
GDPの平均値となっています。「地球幸福度指数（HPI, Happy Planet Index）
は英国のニュー・エコノミクス財団（The New Economics Foundation）に
よって発表されていますが，生活満足度と平均寿命を掛け，それをエコロジ
カルフットプリントで割っています。また，国民の幸福度が高く社会学者が
注目するブータン王国は「国民総幸福量（GNH, Gross National Happiness）」
を掲げ，公正な社会経済発展，環境の保全，文化保存，良い政治を4本柱と
して政治を行っています。「世界幸福度レポート（World Happiness Report）」
は，国連の持続可能な開発ソリューション・ネットワーク（SDSN, Sustainable
Development Solutions Network）が毎年発表している報告書で，世界156カ
国に住む人々の幸福度を国別のランキングにまとめたものです。評価基準と
しては，1人当たりGDP，社会的支援，健康な平均寿命，人生の選択をする
自由，性の平等性，社会の腐敗度，を考慮しています。2019年ランキングに
おいて日本は156カ国中58位でした。

　麗澤大学教授であった大橋照枝は，すでにある幸福指標の欠点を補い，ま
た持続可能な社会をより意識して国際的にも容易に比較できる指標として，
「人間満足度尺度（HSM, Human Satisfaction Measure）」を開発しています。
社会の幸せを図る分野を「労働」「健康」「教育」「ジェンダー」「環境」「所
得」の6分野に分類しています。おのおの分野の指標として，労働では「失
業率」，健康では「乳児死亡率」，教育では「初等教育の就学率」，ジェンダー
では「女子の4年制大学進学率」，環境では「上水道普及率」「1人当たりCO_2
排出量」「エコロジカルフットプリント」，所得では「**ジニ係数**」を採用して
います。ジニ係数とは，その国における人々の所得や資産の格差を示すもの
です。0から1の間の数値であらわされ，1に近づくほどその国の貧富の差
は格差が大きく，人々の生活の満足度から遠ざかると言われています（図表
5-4）。

図表5-4　幸福の社会的尺度のカテゴリー

所得	政治	労働
余暇	健康	環境
文化	教育	ジェンダー

　経済学者である宇沢弘文は，その著書『社会的共通資本』で，豊かな社会とは，すべての人々が，その先天的，後天的資質と能力を十分に生かし，それぞれの持っている夢とアスピレーションが最大限に実現できるような仕事にたずさわり，その私的，社会的貢献にふさわしい所得を得て，幸福で，安定的な家庭を営み，できるだけ多様な社会的接触を持ち，文化水準の高い一生をおくることができる社会である，としています。そのためには①豊かな自然環境の維持②快適で清潔な住環境と文化的環境③すべての子どもたちが健全に成長できる学校教育制度④最高水準の医療サービス⑤希少資源が以上の目標を達成するために効率的かつ衡平に配分される制度の整備，が必要としています。

5-2　ソーシャル・キャピタル

5-2-1　ソーシャル・キャピタルとは

　人々の幸福や持続可能な社会の実現を考える上で，経済面ではなく，人間社会が本来持っている関係性に注目したのが**ソーシャル・キャピタル**です。ソーシャル・キャピタル（Social Capital，社会関係資本）には，様々な定義がありますが，人間社会における信頼関係，ネットワーク（絆），お互い様の心，暗黙のルール，といった市場で評価されることがない関係性が価値を生み出し，社会に好影響を及ぼしていることを言います。「信頼」「規範」「ネットワ

ーク」がソーシャル・キャピタルの三要素と言われています。人的資本や物的資本と同じように，社会を構成する資本であるということから，ソーシャル・キャピタル（社会関係資本）と呼ばれています。ここで再確認したいのは，近年，ソーシャル・キャピタルという言葉でその存在や重要性が再確認されていますが，これはもともと人の営みの中で自然に「生きる知恵」として形成されたものです。ソーシャル・キャピタルはインフラのように，「これから水道を整備するぞ」とか，「鉄道を作るぞ」といった形でもともと作られたものではありません。一方，失われたソーシャル・キャピタルを，健康増進や教育レベルの改善と言った目的のために，再構築しようとする動きも見られます。

　ソーシャル・キャピタルの概念はかなり昔からあったのですが，米国ハーバード大学教授であるロバート・パットナムがその著書『哲学する民主主義』において，イタリアの北部と南部を比較して，イタリア北部の行政の効率性と経済的な発展は南部よりも優れており，それはイタリア北部により多くのソーシャル・キャピタルの蓄積があるからだと指摘して注目をあびました。彼はそこでソーシャル・キャピタルを「協調的行動を容易にすることにより社会の効率を改善しうる信頼・規範・ネットワークなどの社会的仕組みの特徴」と定義しています。その後，彼の著書である『孤独なボウリング』は，ソーシャル・キャピタルとしての米国のコミュニティーが崩壊し，それが米国社会に悪影響を及ぼしていることを指摘し，世界的なベストセラーになりました。

　経済学的には**コモンズの悲劇**と呼ばれるものがあります。水や森林といった共有資源は，そのままにしておくと，人々はそれを他者のことは考えずに自己の利益のためだけに取ってしまうので，やがてその共有資源は枯渇するという経済原則です。実際，コモンズの悲劇には数多くの実例があるのも事実です。よって，共有資源に対しては政府や市場が介入してその悲劇を起こさないようにしなければならないという理論です。似たような話にゲーム理論の「囚人のジレンマ」があります。これも別々にとらわれた囚人が他の囚人のことを思った行動を取るほうが全体的には合理的なのに，自分のことばかり考えて結局は誰も救われないというジレンマを語ったものです。米国イ

ンディアナ大学の教授であったエリノア・オストロームはこのコモンズの悲劇に異を唱えました。彼女は各種のフィールドワークを積み重ね，資源を管理する効率性は市場でも政府でもなく，コミュニティーが補完的役割を果たしたときに最も効果的になることを示しました。コモンズの悲劇を凌駕する知恵（ソーシャル・キャピタル）が元々コミュニティーの人々にはあるとしました。その研究で彼女は2009年にノーベル経済学賞を受賞しています。同じように，日本では古くから里山があり，コミュニティー全体で何代にもわたって山の資源を守ってきた歴史があります。

5-2-2　ソーシャル・キャピタルの影響と金融機能へのかかわり

　ソーシャル・キャピタルは社会に好影響を及ぼすことは述べました。もちろん，負の影響力があるのも事実ですし，それは後で述べることとします。皆さんは，何らかの形で社会の一員に属しています。その最小単位は家族でしょう。直感的に家族の仲が良い方が，暮らしていて心地が良いことはわかります。家族の仲が悪いと精神的に無駄なエネルギーを費やします。もちろん全員がそうだとは言いませんが，家に帰るのがいやで外で遊ぶ人もいるでしょう。本人にとっては，精神的な安定を保つために必要なことですが，やはり必要でない出費が発生します。家族以外に目を向けると，学生なら学校やクラス，会社員なら会社や職場が所属単位ですが，やはり信頼関係とネットワークで結ばれていたほうが，心地が良いですし，勉強や仕事もはかどると考えられます。その集積が社会全体への影響になってきます。ソーシャル・キャピタルが扱う範囲を超えていますが，戦争も同じです。国家間の仲が悪いことによって，人命が犠牲になり，経済的にも大きな損失が発生します。

　このことは**リスク・マネジメント**の立場からも同じことが言えます。リスクを低減させるために，人はルールを作ったり，契約でリスクを移転したり，物理的に鍵をかけたり安全装置を付けます。これは**ハードコントロール**と呼ばれるものです。金融機能であれば保険がその中心的な機能を果たしています。一方，人間関係の信頼感やコミュニケーション力を高め，ルールや物理的な防御といったハードコントロールで解決できないリスクに対応しようとするのが**ソフトコントロール**とよばれるものです。最近，リスク・マネジメ

ントにおけるその重要性が議論されています。ソフトコントロールが機能し注目された典型的な例は2011年に起きた東日本大震災です。未曾有の大震災に対して，そのほとんどに対応ルールが存在しないなか，人々は自主的に助け合い，世界から賞賛される行動を取りました。これは日頃のソーシャル・キャピタル（リスク・マネジメント的にはソフトコントロール）がなせる技だと考えます。ソーシャル・キャピタルによって社会全体のリスクが低減します。その結果，保険を中心としたリスク対策の金融機能を補完しています。

　ソーシャル・キャピタルは経済活動に好影響を与えます。先ほどの例のように職場に信頼関係があり，また，ネットワークや合理的な規範ができていれば，安心して仕事に専念できます。それは，対外的な仕事の関係者に対しても同じです。それは仕事の効率や生産性を向上させることになりますし，費用がかかるトラブルを未然に防ぐことになります。国土交通省の要藤正任は「ソーシャル・キャピタルは地域の経済成長を高めるか？」において，ソーシャル・キャピタルの三要素のうち，特に規範が地域の経済成長にプラスの影響を与えていたとしています。第2章で近江商人の「三方よし」に触れました。商売は，「売り手よし，買い手よし，世間よし」ということです。これは同時に，仕事を通して，商売の相手先ばかりでなく，世間（ステークホルダー）にも信頼やネットワークを築き，ソーシャル・キャピタルを充実させていくことに他なりません。経済活動に好影響を与えることは，企業活動の財務リスクを低減させることになり，資金繰りの悪化などによる金融リスクを低減させる働きがあるということになります。

　ソーシャル・キャピタルは社会の安定にも好影響を与えます。現代の都会の，特に集合住宅の暮らしのように，匿名性が高い社会では誰もが他人に対して無関心です。一方，地域のコミュニティーが充実し，お互いの顔が見える社会においては，不審者はすぐ見つかります。また，コミュニティーの人間はお互いの関係性が強く，抑止力があることになります。第2章でソーシャルインパクトボンドを解説しました。社会的課題の解決のために資金を集め，その成果をお金に換算し投資家に還元しようとする試みです。世界最初のソーシャルインパクトボンドの発行目的は，犯罪者の更生と再犯防止にありました。社会が安定し犯罪率も低いのであれば，この目的のソーシャルイ

ンパクトボンドの発行は不要となります。

　ソーシャル・キャピタルは健康にも好影響を与えると言われています。東北大学准教授の相田潤と千葉大学教授の近藤克則は，「ソーシャル・キャピタルと健康格差」において，先行研究を踏まえソーシャル・キャピタルが健康に好影響を与えることを指摘しています。例えば，アメリカ・ペンシルバニア州のロゼトという街では，他の条件が周囲の地域に比べてほぼ同じにもかかわらず，心筋梗塞による死亡率が低いという現象が発見されました。ロゼトはイタリア南部から人々が集団移民をして作った街であり，①人種的にも社会的にも均一であり，②富を誇示しないような価値観を持ち，③家族や人々の結びつきが強いコミュニティーであり，④人々が経済的にも精神的にもお互い助ける街であることが，ロゼト住民の心筋梗塞を減少させたと考えられています。また，社会的関係性を持つことによる死亡率の低下は，喫煙者が禁煙を実行することによる死亡率低下と同じくらいの効果があるという例も紹介しています。日本において健康水準は地域によって格差があり，これまで存在する地域の社会資源を活用して，さらなるソーシャル・キャピタルを向上させる必要があるとしています。また，今後の高齢化社会において，その対策としてのソーシャル・キャピタルの応用も期待されています。健康水準の向上は主に生命保険を中心とした金融機能を代替することになります。また，健康保険や介護保険といった公的保険を補完する役割も果たします。

　ソーシャル・キャピタルは教育水準にも好影響を与えます。筆者は教育の基本は家庭にあると考えています。家庭内教育と密接に関連するものとして**文化資本**があります。これは金銭以外の個人的資産を指す言葉で，学歴や教養，家庭内の蔵書の数，家庭内の知的な会話など，有形無形の資産を指しています。家庭内教育において，文化資本は大きな要素です。一方で，家庭内の関係性，すなわち，家庭内のソーシャル・キャピタルとも深い関係があります。むしろ筆者は文化資本よりも家庭内のソーシャル・キャピタルのほうが重要と考えます。家に難しい本がなくても家族の仲が良いことの方が子どもには大切だと思っています。その関係性は，対学校においても対地域においても同様なことがいえます。昔の日本の農村では，家庭の親は驚くほど自分の子どものしつけを行っていませでした。その代わりに地域の若者がしつ

けを行いました。これにより親は農作業に集中できますし，若者にしつけられることによって子どもたちと若者の関係性は深まります。また，当然それには村の掟が含まれているので，結果的には村のソーシャル・キャピタルを維持しながらの合理的なしつけの方法であったとも言えます。愛媛大学教授の露口健司は「学校におけるソーシャル・キャピタルの主観的幸福感」において，①子どもを取り巻く，友達，教師，地域住民とのつながり，そして学習意欲が学校での主観的幸福感を高めること，②保護者を取り巻く，学校・保護・地域住民とのつながり，そして学校に対する協力意欲が主観的幸福感を高める，ことを指摘しています。JICA国際協力総合研究所は『ソーシャル・キャピタルと国際協力』において，発展途上国の教育開発においてソーシャル・キャピタルは重要であり，家族やコミュニティーの学校教育や政策に対する「教育は必要である」という価値観・認識，「学校へ行かせなければならない」という責任感・規範，「学校へ影響力を持つ」というオーナーシップが大切であるとしています。コミュニティー，学校，行政官の信頼感，協同責任感，外部支援者を含めたネットワークなど，関係者間のソーシャル・キャピタルの重要性もあげています。また，ソーシャル・キャピタルを活用した「イエメン基礎教育拡充プロジェクト」を具体的事例として紹介しています。教育は個人の幸福に貢献するばかりでなく，長期的には大きな経済的利益をもたらします。間接的ですが教育に関するソーシャル・キャピタルも金融機能を補完することになります。

　最後に，ソーシャル・キャピタルが政府活動の効率化に好影響をもたらすことは，パットナムの南北イタリアに関する研究結果でご紹介した通りです。

5-2-3　ソーシャル・キャピタルの負の側面

　ソーシャル・キャピタルは様々な形で社会に好影響を与えることは述べました。また，ソーシャル・キャピタル万能主義のようなところがあり，その研究者は好影響ばかりを研究しているように見受けられます。しかし，すべてのものは両刃の剣であり，ソーシャル・キャピタルも当然負の側面を持っています。

　まず考えなければいけないのは「しがらみの存在」です。ソーシャル・キャ

ピタルのベースは関係性にあります。関係性が強くなればなるほど個人の自由を奪うことになります。村八分という言葉があります。これは江戸時代以降，村落で行われた私的制裁のことです。村の掟に従わない者に対して，村全体として火事と葬式を除いてその家とは絶交することです。2つのことを除くので八分になります。これはソーシャル・キャピタルの規範機能を維持するための方法ですが，村に生まれた者は，村の掟とその背景にある村社会の価値基準で生きていかなければなりません。地方では，呼び方は様々かもしれませんが「道普請」のような地域での共同作業が残っています。地域住民が集まり，道路を整備したり，水田の水路を整備したりすることです。地域住民が共同作業で地域を良くする活動の喜びは大きく，また，住民間の信頼関係を構築するのに役立っています。一方で，これに参加しないことは，地域との関係性においてマイナスの感情や評価を発生させます。現代では，共同作業の代替手段が発達しています。道普請によって道路整備をする場合，道普請の代わりにお金を払って土木業者に頼むことが可能です。道普請に参加する代わりに，お金を払って自分の時間を大切にしたい人にとっては，道普請は苦痛となってしまいます。ご承知の通り，日本では都市部への人口流入が止まりません。総務省の国勢調査によれば，現在三大都市圏の人口は日本人口の過半数を超え，中でも東京圏には日本人口の3割が居住しています。この都市への人口集中は日本ばかりでなく世界的な傾向です。その理由は様々ですが，1つの大きな理由として「しがらみがある地方社会から抜け出し，都会で自由に暮らしたい」という考えがあります。私の友人にも，いわゆる地方農村部出身の人が多くいます。そして，ふるさとには遊びに行くにはいいけど，今さらながらあの濃密な人間関係に身を置きたくないと言う人が多くいます。交通網が整備され，都会の情報が溢れている現在，ある地域やコミュニティーのルールや価値観だけを維持することは様々な軋轢を生むことになります。

　次に「排他性から発生する不祥事や外部不経済」があります。ソーシャル・キャピタルは関係性を維持するために時には不寛容さが伴います。例えば，同業者同士の結びつきが強く，自分たちの利益を守るために参入障壁を設け，価格を高く維持したとします。この場合，度が過ぎれば，談合に至り，違法

な不祥事となります。仮に違法でない状況であったとしても，自由競争が一定部分阻害され，消費者は高いものを買わされていることになります。これは外部不経済を発生させています。第1章でも説明しましたが，外部不経済とは，市場を通じて行われる経済活動の外側で発生する不利益が，個人，企業に悪い効果を与えることを言います。企業活動による公害の発生がその典型的な例です。日本の議員には世襲議員が多いと言われています。もちろん，そのことを一概に悪いと言っているのではありません。しかし，議員は社会的地位が高く社会への影響力が強い職業です。ゆえに議員には，人格，見識ともに高いものが求められます。必然的に，議員になる難易度は高いと言えます。加えて，三バン（地盤・看板・鞄）と呼ばれる，職業的な関係性，知名度，資金力が重要です。よって，一般の人が議員になるにはハードルが高くなります。一方，議員を親や親戚に持つ者，すなわち議員と深いネットワークを持っている者は，地域との関係性を容易に引き継ぐことができます。その結果，議員は極めて公共性が高い職業でありながら，世襲議員が多いという他の職業に比べて排他的な結果になっています。このようなことが様々な社会的影響力がある分野で発生すると，ソーシャル・キャピタルが社会的格差を助長することになります。

　最後に「反社会的勢力のネットワーク」があります。日本には俗に「やくざ（暴力団）」と呼ばれる社会があります。1960年代〜1980年代にかけて，やくざ社会をある意味美化したやくざ映画が隆盛しました。そこで描かれていた彼らの社会は，義理と人情に縛られながらも，組と仲間に忠誠を尽くす人々でした。私はその実体には詳しくありませんが，ソーシャル・キャピタルという概念からすると，かなり発達した世界となっています。幸い，暴対法（暴力団員による不当な行為の防止等に関する法律）によって，昔に比べて反社会的勢力は大幅な縮小傾向にあります。このような伝統的な犯罪組織は世界中どこでも存在しています。一方，拡大しているのが，インターネットを通してなど新しい形でつながった犯罪集団です。高齢者を狙った詐欺は後を絶ちません。彼らには相互に信頼関係があるかわかりませんが，犯罪をする目的は一致しており，当然，犯罪遂行のための規範が存在しています。やはりソーシャル・キャピタルの概念からは負の側面であると言えます（図表5-5）。

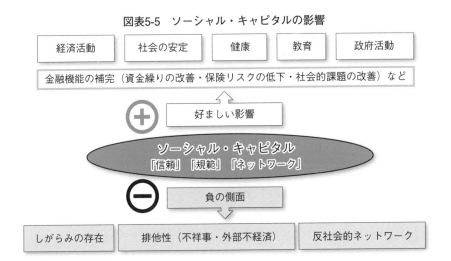

図表5-5　ソーシャル・キャピタルの影響

| 経済活動 | 社会の安定 | 健康 | 教育 | 政府活動 |

金融機能の補完（資金繰りの改善・保険リスクの低下・社会的課題の改善）など

⊕　好ましい影響

ソーシャル・キャピタル
『信頼』『規範』『ネットワーク』

⊖　負の側面

| しがらみの存在 | 排他性（不祥事・外部不経済） | 反社会的ネットワーク |

5-3　持続可能な社会への先人の知恵

5-3-1　持続可能な社会であった石器・縄文時代

　第1章で，縄文時代は1万年以上続いた持続可能な社会であったことを述べました。それ以前には石器時代と呼ばれる時代が200万年以上にわたって続いていました。人々は文字も持たず，ましてやお金はありませんでした。現代の基準から見ると，未開で不便な生活を強いられていたと思われます。自然の脅威は今以上だったでしょう。飢餓の危機も日常茶飯事だったと思われます。医療も発達しておらず，人々の寿命も短いものでした。子どもの死亡率が高いので，縄文時代の平均寿命は15歳くらいだったと言われています。しかし，持続可能な社会という観点から見ればそれを達成していた社会であったのも事実です。もちろん，石器・縄文時代の人々に持続可能な社会という概念があったかどうかわかりません。しかし，持続可能な社会を維持するための本能的な知恵の蓄積があったと思います。彼らに比べれば，我々は夢の

ような生活をおくっています。美味しいものを食べ，娯楽を楽しみ，どこへでも移動ができ，長い寿命を享受しています。よほど物好きでない限り，石器・縄文時代の生活をおくりたいという人はいないと思います。そして，18世紀半ばから始まった産業革命は，我々に近代的で豊かな生活をもたらしました。しかし，産業革命からわずか300年程度で，持続可能な社会を危機に陥れています。イソップの寓話にある「アリとキリギリス」のように，キリギリスの楽しい生活は長く続かないようです。繰り返しになりますが，我々は石器・縄文時代には戻れません。人々の欲望には不可逆性があるからです。また，石器時代や縄文時代のような原始的な生活を営むのであれば，深い知恵などなくても長続きする社会であると反論することでしょう。確かにその通りかもしれません。しかし，先人が持続可能な社会を経験した以上，そこに我々がこれから持続可能な社会を達成するための何かしらのヒントがあるはずです。本書のテーマである金融面で考えるならば，お金がない世界だったので，現代では金融機能が担っている働きについてそれを代替する社会のルールや考え方があったはずです。それを考えてみたいと思います。

　現代において石器時代や縄文時代の生活や考え方を正確に知ることはもちろん不可能です。しかし，世界的にはまだ石器時代に近い生活をおくっている人々がいます。その人々を観察することによって擬似的に知ることは可能です。同じように，日本においては日本列島周辺のアイヌ，海民，南島の人々が縄文時代の考え方を残していると考えられています。

　シカゴ大学教授だったアメリカの人類学者のサーリンズに『石器時代の経済学』という著書があります。先行研究を含めて，現代社会で石器時代に近い生活を営む人々を研究しています。まず，彼は石器時代の人々に対する偏見や思い込みを否定しています。すなわち我々が石器時代の人々に対するイメージとして持っている「まったくの生存経済」「例外的な場合でなければ乏しい余暇」「不断の食物探し」「わずかな，相対的にあてにならない自然資源」「経済的余剰の欠如」「最大人数による最大エネルギーの使用」といった事柄はあてはまらないとしています。石器時代の人々は決して暗黒の時代を生き抜いた人々ではなく，むしろ現代人よりも幸せだったというのです。そして，実証研究で次のようなことが証明されています。まずは，現代におい

て石器時代に近い生活をおくっている人々の1日当たりの労働時間は4〜5時間にすぎないということです。しかも，必要な分の食料を手に入れたらすぐ休むので，極めて断続的です。もっと働けばもっと得られるのに，経済的可能性の過少利用をしているとしています。一方，現代人は定時の就労時間だけでも1日7〜8時間で，都会ですと通勤時間を入れると1日10時間近く仕事に対して時間を費やしています。また，仮に仕事が暇であっても，職場では働いているようにしなければいけません。職場で気ままに休んでいることは許されません。南部アフリカの狩猟民族であるブッシュマンは，男1人の狩猟で4〜5人を養っており，これは農業経済によって支えることよりも効率的であるとしています。加えて，困窮と難儀な状態においても彼らはにこやかに耐えているとしています。サーリンズによれば，文明が発達することにおいて人々の労働時間が増え，飢餓と貧困が増したとしています。このような事実からサーリンズは以下のような石器時代の人々の考え方を導き出しています。

①有能な狩猟者が富を蓄えることは他人の尊敬を失うことであり，そうならないために自分が得た余剰なものは皆に分配する。
②食料の蓄えの底がついても，すべての人々が平時にその欲望をたやすく充足できるという天性に似た信念がある。
③彼らはほとんど何も持っていないが貧困と思っていない。なぜなら貧困は人々の間の関係性にすぎず，貧困という概念を持っていない。
④彼らは必要に迫られて客観的に低い生活レベルにとどまっているのではなく，それが彼らの目標である。
⑤交易について，駆け引きにはまったく無頓着であり，また交易に近い贈与においてもその返礼の時期や割合もまったく曖昧である。

としています。
　サーリンズが指摘した石器時代の人の考え方は，金融システムにおいて，我々が信ずる価値や，大原則としてかならず規定されていることを見事に否定しています。前述のサーリンズによる石器時代の人々の考え方をおのおの

金融が大切にしている原則にあてはめてみると次のようになります。

①成功報酬の否定

　　自分が得た余剰なものを皆に分配することは，成功報酬がないことになります。金融の世界に限らず，自分の儲けは自分のものであり，貢献度の高い人間がより多くの利益を得ます。成功報酬は，金銭面ばかりでなく，現代企業においては人事考課の基本をなす考え方です。業績が良かった者が良い評価を得て，地位も収入も上がるということです。そして，これが公平とされています。

②リスクヘッジの否定

　　蓄えがなくても何とかなると考えることは，少なくとも食べものに関してはリスクを感じておらず，その結果リスクヘッジは必要がないとする考え方です。一方，金融の世界では扱う金額が大きくあらゆるリスクを想定してリスクヘッジを行います。それが損失を最小限にとどめ利益を最大化する方法とされています。また，組織にも個人にもリスクヘッジをする能力が厳しく問われます。

③蓄積の否定

　　貧困という概念がないことは富の蓄積に差があることを考えていないということです。一方，近代社会では富の蓄積が重要視されています。富があることに価値があると思っている人は多くいます。むしろそれが行き過ぎて富の蓄積の差の拡大が問題視されています。また，富（利益）の蓄積の結果による自己資本の充実は，投融資先ばかりでなく金融機関においても求められる金融の大原則です。

④経済的成長や技術革新の否定

　　現状の生活にとどまることを目標にすることは経済成長や技術革新が必要ないということです。経済成長や技術革新のために金融機能は働きます。また，経済成長については，その偏重について疑問を呈する考え方がありますが，健全な経済成長を多くの人が重要視しています。技術革新も同様です。

⑤契約条件の否定

取引にまったく無頓着ということは契約という概念がおそらくないのでしょうし，ましてや契約条件は無用です。金融業務は，お金は動くものの実際は目に見えないサービスを提供します。よって，契約条件は最も重視される事柄です。

　このように石器時代の考え方を見てみると，私のように金融の出身者からするとまったくのパラドックスです。金融マンになったら徹底的に訓練をされる金融機能の重要原則を否定しています。読者の中には，石器時代の人は未開であったので，これらの諸原則を否定したのではなく知らなかった，という人もいるかもしれません。実際はそうだったのかもしれませんが，いずれにせよ，金融面から見て，現代では常識となされる原則は石器時代の社会には適用しなかったと考えられる事実には変わりありません。そして，大切なことは，現代では重要視されている金融原則がない中で，持続可能な社会を経験したことにあります。

　同じく日本において持続可能な社会を実現した縄文人にも石器時代の人々と同様な考え方があります。前述の通りアイヌ，海民，南島民から，縄文の考え方を研究した，旭川市博物館館長瀬川拓郎の『縄文の思想』によれば，縄文人には以下のような考え方があるとしています。

①商品交換への強い違和感
②贈与への執着
③分配を通じた平等
④強制や圧力の拒否
⑤他者や土地とのゆるやかなつながり
⑥中心性を排した合意形成

です。ここで瀬川は「贈与への執着」としていますが，むしろ贈与以外の発想がないようです。狩猟採集で得た収穫物はすべて神様からの贈り物であり，それはたまたま獲物を得た者が皆に分配するために預かっているのに過

ぎず，分配するのは当たり前だとする考え方です。国立民族学博物館の岸上伸啓によれば，この考え方は，アイヌ民族ばかりでなく，北アメリカのイヌイットなど，世界中の狩猟採集民族に見られるようです。自分が取った収穫物をあえて自分では口にしないとする風習もあるようです。

　また，アイヌ民族や現代に残る縄文遺跡から縄文人の考え方を研究している新潟県立歴史博物館名誉館長小林達雄の『縄文の思考』によれば，

⑦自然との共存共生（自然の人格化）

⑧物を差し出して心をつかむ贈与，及び贈与を受けたものの受け取り義務と
　返礼の禁止

⑨未完成を続けることに価値を置く

⑩商行為及び商人の存在がない

　があります。ここで⑨の「未完成を続けることに価値を置く」はわかりにくいと思います。これは，遺跡を研究すると，20世代にもわたり記念物が，あえて完成をさせるようなことをしないで未完成にしていた縄文人に対する小林の見解です。私は今風でいうソーシャル・キャピタルの形成手段だったのではないかと思います。記念物は経済的にはあまり意味はありませんが，宗教的には大変な意味を持っていたものです。この聖なるものに向かって人々が協働作業を続けることに意義があったと考えます。そのためには完成してはならないのです。

　なお，小林によれば，インディアンと呼ばれてきたアメリカ先住民の考え方も縄文人の考え方に似ているとしています。アメリカ先住民の血を受け継ぐ作家のジョゼフ・ブルチャックの『それでもあなたの道を行け』には以下のようなことが書かれています。「人間として生きることは聖なる委託であり，聖なる責任をになっている。人間は他のどんな生き物よりも特別な贈り物をもらっているので，すべての生き物の世話をしなければならない」（オノンダーガ族）として，自然を守ることを人間の義務としています。また「政治的な決めごとは7世代先の人々を念頭に行わなければならない。まだ生まれていない人々が我々よりも悪い世界で生きることなく，良い世界で生きるよう

にするのが仕事である」（オノンダーガ族）として，まさに持続可能な社会を常に念頭に置いて政治的な決断をすることを義務としています。加えて「土地を耕すことは，ナイフ片手に母の乳房を切り裂くこと。鉱石を取り出すことは，母の皮膚を切り裂き，骨を取り出すこと。これらをすれば，母の体内で生まれ変わることができなくなる」（ネズ・パース族）として，まさに資源開発どころか勝手な土地利用さえもいましめています。

　瀬川や小林が指摘した内容のうちいくつかは，現代的な金融システム維持のための原則を，石器時代の考え方と同様に否定しています。これも次のようになります。

①取引の否定

　　取引を否定することは，それを補完する金融行為そのものをしてはいけないということになります。

②等価交換（適正価格）の否定

　　現代においてすべての金融機能は適正価格（Fair Market Value）を求めて，そこから利益を得ようとして行われます。私のように投資をしていた人間にとって，適正価格の算出は徹底的に訓練されることです。

③成功報酬の否定

　　石器時代で述べた通りです。

④契約などによる強制力の否定

　　同じく石器時代で述べた通りです。

⑤権限の明確化の否定

　　金融業務において，権限の明確化とそれにいたる意思決定プロセスは情報開示責任と説明責任のために最も重要な要素です。機関投資家にとっては受託者責任の要素となります。

⑥商行為と利益確保の否定

　　これも石器時代で述べた通りです。

　縄文人は石器時代と同様に持続可能な社会を実現しました。彼らの考え方をそのまま引用するならば，現代的な金融機能が成り立たない世界が必要なのかもしれません（図表5-6）。また，私は金融の観点から述べてきましたが，

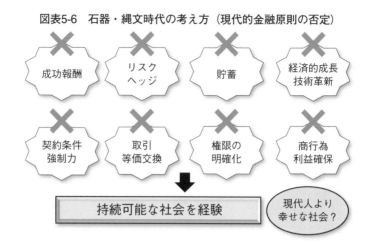

図表5-6　石器・縄文時代の考え方（現代的金融原則の否定）

石器時代や縄文時代の考え方は金融の原則ばかりでなく，現代企業でも重要とされている原則や考え方を否定しています。さらに言えば，現代人の常識を否定しています。

　仮に，石器時代や縄文時代の人々の考え方を取り入れた金融システムを考える場合，これらのことから，どのようなことが言えるのでしょうか。単純に現代における金融の原則を否定するのは乱暴ですし，過激な理論に酔いしれる独りよがりに過ぎないと思います。少なくとも石器時代であれ縄文時代であれ，人々は「顔が見える世界」で暮らしていました。その意味で，現代においても顔が見えるコミュニティーにおいては，彼らの考え方は金融機能を補完する考え方として有効かもしれません。また，ここにある考え方を使った形で，かつ現代的な金融システムから切り離した形でプロジェクトを始めることも可能性としてあるのではないかと思います。ここで重要なことは，金融機能は本章の冒頭で述べた「幸福」と密接に結びついているということです。幸福は価値観が大切です。よって，現代的な金融機能を補完する別な社会システムを導入する場合，人々の幸福や価値観についても十分話し合う必要があると考えます。

5-3-2 伝統的な贈与経済

　皆さんが日常生活を営む場合，様々な形で金品をあげたりもらったりします。誕生日プレゼント，クリスマスプレゼント，結婚式のお祝い，お葬式の香典，お中元・お歳暮などです。それが贈与です。しかし，現代生活において贈与は儀礼的な意味合いが強く，贈与だけでは生活は成り立ちません。通常は，お金を使ってものやサービスを買っています。そのためには誰でも必要なものを買える市場が必要です。ものやサービスの動きにはかならずお金の動きが伴います。そして，いつもお金を持っているとは限りませんし，余ったお金は預けておいた方が安全です。だから本書1章で述べたように金融機能が大切となってきます。この皆さんが常識としている経済のことを**市場経済**と呼ぶことにします。一方，前節のお金がなかった石器・縄文時代で考えたように，過去の自給自足に近い世界から始まり，人類は長い間，物品のやり取りを贈与という考え方を基準にして行ってきました。これを**贈与経済**と言います。

　「なぜ，人は贈与経済から始まったのか？」は人が生まれて生きていくことを考えるとわかりやすいと思います。皆さんは命をご両親からいただいています。命をもらうために何も対価を払っていません。そして，ご両親は祖父母，そのまた上の世代と，命はすべて与えられるという贈与の連鎖で成り立っています。成長するときも同じです。一人前になるまでは，子どもとして何も対価を払わずに食事をもらい，寝る所を提供され，教育も受けさせてもらいます。これも贈与です。そして皆さんが親になったときは，同じく無償でお子さんに同じことをしていきます。これも贈与の連鎖です。生きていく上で，自然からの狩猟採取を考えれば，自然から恵を一方的にもらっているだけです。農業も同じです。エネルギー源である太陽に使用料を払っているわけではありません。土地利用や水資源に使用料を払うケースがありますが，これはもともと無償で権利を確保した誰かに払っているに過ぎません。だから贈与をベースに何かを考えることは人として素直であり，長い間人々の考え方の中心になったことがわかります。

　東京経済大学教授今村仁司の『交易する人間（ホモ・コムニカンス）』によれば，贈与経済に対して現在の資本主義や市場主義による市場経済が主流に

なったのは19世紀半ばとしています。すなわち，我々が今常識と思っている市場経済は，長い人類の歴史の間でわずか200年弱の歴史しかないということです。もちろん，贈与経済から市場経済へは一気に移行したわけではありません。人類と経済の発展に伴って徐々に移行しています。また，後で述べるように，贈与経済といっても現在の市場経済と同じような機能を持っていた時期もあります。このように贈与経済は長く，何らかの形で現代における金融機能を補完する役割を果たしていました。

　贈与という考え方を世に広めたのは，フランスの社会学者のマルセル・モースです。彼は『贈与論』をあらわし，**贈与こそが多様な人間社会の共通基盤だ**としています。一方で，自発的に思われる贈与には様々な義務があり，それにより社会の諸制度として機能しているとしました。以下がモースのいう贈与の特徴です。

①贈与は，見た目は自発的な見返りを求めない給付であるが，実際には義務的な反対給付が行われている。贈与は，与えること，受け取ること，お返しをすることの3つの義務からなる。
②ものの給付とその反対給付は，もの霊が引き起こす。すなわちものには霊が宿っており，その霊によって，贈与したものが反対給付されるという閉じた世界を作っている。
③与え手は貰い手に対して優位に立ち，モノのやり取りで当事者間に権力関係が発生する（この点についてモースは「権力関係が発生する」という強い言葉を使っていますが，私は日常生活で我々が大切にしている「お世話になったからお返しする」ということだととらえています）。
④施しはそれを受け取る人を傷付ける。
⑤贈与することの動機は「喜び」である。

　贈与に反対給付の義務が伴っていることは，結果的に現在の市場経済と同じようです。ただし，現在の金融機能の原則と比べた場合，以下のような違いが考えられます。

①商品と市場の否定

　ものに霊が宿るということは，ものは決してお金を儲ける商品ではないということです。また，霊が宿るものでつながり元へ戻るという閉鎖された世界があるということは，まったく関係がない第三者が参画できる市場は存在しないということになります。

②対等な同時履行の否定

　モノのやり取りが権力関係を生じさせるとは，対等な同時取引ではないということになります。あくまで贈与としてお返しをするという反対給付で相殺されます。よって，反対給付までには通常は時間差がありますし，いずれ反対給付は行われますが，それがいつ実行されるかは不確定です。

③取引による利益の否定

　贈与することの動機が「喜び」であることは，利益目的ではないということです。

　このように，贈与経済の考え方は，現代の金融機能とは異なった考え方となっています。

5-3-3　日本の贈与経済と農村部における協働

　東京大学教授桜井英治の『贈与の歴史学』によれば，中世（鎌倉・室町時代）の日本は，贈与儀礼が盛んであり，様々な形で現代的な市場経済に近い機能を持っていたとしています。例えば，「折紙」というものがあります。これは贈答品の目録のようなものですが，その目録が流通し，手形のような役目を果たしたとしています。また，商業が盛んになるにつれ，物品を流通させるために膨大な量の贈答儀礼が発生していたとしています。人々は市場経済を実現するために，形式的な贈与をどんどんと変革させ，最終的には民から権力者への贈与である年貢を貨幣に変えることができるようになり，名実ともに市場経済に移行したとしています。

　一方，日本の農村社会では明治期に至るまで，贈与経済をベースとして，村人たちの共同作業が残っていました。それが様々な形で現代的な金融機能を代替していました。その最も典型的な例が，**頼母子講（無尽講）**と呼ばれ

るものです。沖縄では模合と呼ばれています。これは村の人々が定期的に集まり，一定額を毎回拠出し，その全額をくじ引きや入札などの方法で受け取り，全員が受け取るまで続ける金融機能です。家の修繕，婚姻儀礼などにそのお金は使われました。機能としては融資ですが，毎回，各人が供出金を贈与している点で融資とは異なります。例えば10人が月1回集まり，1回の1人当たり拠出金を10万円とすると，誰かが100万円を受け取ることを10ヶ月続けることになります。金融における融資の場合，①借手の信用力，②貸出後の行動モニタリング，③借手の不正の防止，④返済の強制力，が必要とされています。頼母子講は村の仲間で営まれますので，借手のことはよくわかっています。借りた後の行動も仲間が見ています。悪いことをすれば家族共々つらい目に遭います。当然返さないことは（資金を受け取った後頼母子講に参加しない）ことは許されません。このように，頼母子講は，資金調達ばかりでなく，金融を成り立たすサブ機能を含めて代替していることになります。頼母子講に似た制度は日本ばかりでなく世界的あるものです。英語ではROSCA（Rotating Savings and Credit Associations）と呼ばれて広範囲に見られる庶民金融です。ムハメド・ユヌスがこれに似たグラミンバンクによるマイクロファイナンスの普及の功績によってノーベル平和賞を獲得しています。彼は先人の知恵を応用して成功したと言えます。この頼母子講は近年まで続きましたが，やがてそのほとんどは現代的な銀行機能に発展・吸収されていきました。なお，第3章で説明していますが，クラウド・ファンディングには「寄付型」が存在しています。またクラウド・ファンディングは本来金融機関が行う信用調査やモニタリング機能を，原則は出資者の自己責任で代替しています。クラウド・ファンディング自体は現代的かつインターネットなどIT技術を利用した金融手法ですが，寄付型であることは贈与につながります。出資者の自己責任機能は頼母子講につながります。頼母子講以外には宗教的な代参を目的とした伊勢講や富士講などがありました。これも，講のメンバーがお金を出し合い，村民が代表して伊勢神宮や富士山へ参拝旅に出るものです。代表者は，順番またはくじ引きでいずれは全世帯が行くような制度でした。宗教的な意味合いが強いとは言え，旅行費用をファイナンスする仕組みとなります。直接的にお金は伴いませんが，農村社会

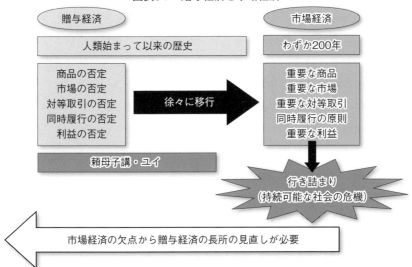

図表5-7　贈与経済と市場経済

贈与経済

人類始まって以来の歴史

商品の否定
市場の否定
対等取引の否定
同時履行の否定
利益の否定

徐々に移行

頼母子講・ユイ

市場経済

わずか200年

重要な商品
重要な市場
重要な対等取引
同時履行の原則
重要な利益

行き詰まり
（持続可能な社会の危機）

市場経済の欠点から贈与経済の長所の見直しが必要

　の共同作業の一形態として**結（ユイ）**があります。例えば，昔の農家は茅葺きでした。茅葺き屋根の寿命は一世代と言われていますが，25年程度で葺き替えが必要となります。茅の葺き替えは一家族でできるものではありません。その場合，茅の調達を含めて村人が協力して順番に行いました。それ以外にも田植えや稲刈りも順番に共同で行ったりします。それらの共同作業が結です。現代的な考え方ですと，個人が1人でできないことは，お金を使って他人に頼まなければいけません。それを，村人がお金ではなく順番に労働力を拠出する形で金融機能を代替していることになります。

　前述の今村は，市場経済における私的所有制度が贈与経済を駆逐することによって，人間の原初的事実や生活の相対的基礎を破壊した，と言っています。私は大学では法律を学びました。民法における財産の考え方の基礎は「私有権」にありました。「これは自分のものである」ということを主張し，証明し，そして他人から守ることが大切です。これを学ぶことは生きる上で重要だとされています。現代社会は個人に限らず組織においてもこの私有権を守る原則で貫かれています。しかし，人間は集団でなければ生きていけません。すべてのもの対して自分の権利だけを主張することは，その関係性を壊しかね

ません。人が生まれ生きることは贈与に由来することは述べた通りです。筆者も贈与経済を忘れてしまうことは危険だと感じます。贈与経済の原初にはなかった利益追求の市場経済の行き過ぎが持続可能な社会の危機を招いています。これは金融機能においても同じと考えます。本書の目的は「金融機能による社会的課題の解決を考える」ことにあります。現代の金融機能を支える原理を贈与経済の長所の再確認という観点からもう一度見直してみることも大切だと思います（図表5-7）。

5-4　BOPビジネス

5-4-1　BOPビジネスとは

　BOPとは「Base of the Economic Pyramid」の略のことです（以下，BOP）。第1章の貧困問題で述べた通り，世界の人口を考えた場合，貧困層が多数を占めています。縦軸に所得，横軸に世界人口をとり図示した場合，所得が多い先進国の人口は少数であり貧困層を抱える発展途上国の人口が多数となります。この結果，図は「経済ピラミッド」と呼ばれる三角形になります。このことから，所得が低い多数の人々のことを，ピラミッドの底辺を占めるという意味でBOPと呼んでいます。ミシガン大学教授のC.K.プラハラードとコーネル大学教授のS.L.ハートによって最初に提唱された概念です。BOPにはいくつかの定義がありますが，国際金融公社（IFC）は2007年に購買力平価で年間3,000米ドル以下の層の人々をBOPと定義しました。今ではそれが一般的な定義となっています。現在の世界人口は75億人を超えていますが，2007年当時，世界人口は60億人でした。その3分の2に当たる約40億人が貧困に直面したBOPに該当するとしています。貧困問題の解決には，伝統的に国家間の援助，国際機関の援助，NGOの支援が行われてきました。これに加えて，「ビジネス」をキーワードとして問題解決を図ろうとする動きが盛んになってきています。**BOPビジネス**とは，発展途上国において，発展途上国の人々が自ら新たに起業することや，先進国企業がビジネス展開の新規参入を行う

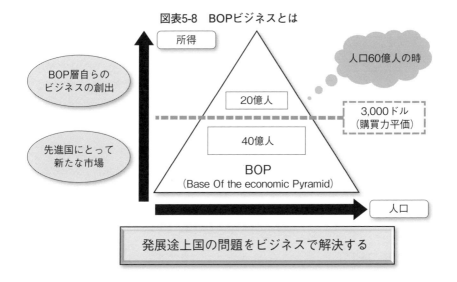

図表5-8　BOPビジネスとは

所得

BOP層自らの
ビジネスの創出

人口60億人の時

20億人

3,000ドル
（購買力平価）

40億人

先進国にとって
新たな市場

BOP
(Base Of the economic Pyramid)

人口

発展途上国の問題をビジネスで解決する

ことによって，国民所得を向上させ貧困問題の解決を図ろうとすることです。
発展途上国自身でビジネスを発展させ持続可能な発展を図ろうとする試みで
あり，先進国企業にとっては，今まで未参入であった発展途上国を新たな市
場と捉え，ビジネスチャンスを広げながら両者の共存共栄を図っていく試み
でもあります。BOPをめぐる論議は近年盛んになっており，今後その重要性
は高まっていくと考えられています（図表5-8）。

5-4-2　BOPビジネスの成功要因

　BOPビジネスは発展途上国の問題をビジネスで解決することでした。ここ
で最も大切なことは，発展途上国には「ヒト」「モノ」「金」「情報」といった，
いわゆる経営資本が圧倒的に不足しているということです。そしてこれら経
営資本の不足は，お互い密接に関連しています。本書のテーマは社会的課題
を金融機能で解決する点にあるので，お金を中心に考えてみましょう。発展
途上国では一般的には金融機能は未発達です。その結果，様々な困難が生じ
ています。事業を始めたものの，お金が調達できないから，設備が買えない，
原料が買えない，人も雇えないということです。逆に良い人材がいないから，
設備が整っていないから，資金調達ができない場合もあります。しかし，こ

の経営資源の制限を何らかの方法で解決しなければBOPビジネスを成功に導くことはできません。別な言い方をすれば，BOPビジネスを成功させるには金融機能を補完する工夫が必要だということです。

　筆者は，スリランカの無電化村をBOPビジネスによって電化をさせた成功事例をベースに，その他BOPビジネスの成功例（25例）の成功要因を比較分析し共通項を探しました。成功要因の共通項として，成功したBOPビジネスには「適正技術の採用」「コミュニティーの活性化」「リーダーの橋渡し」「高い効用・社会貢献」「環境配慮」の要素があるということでした。これら成功要因を解説するとともに，おのおのの要因がどのように金融機能を補完しているか考えていきたいと思います。

【適正技術の利用】

　まずは，「**適正技術**（Appropriate Technology）の利用」があげられます。適正技術とは，その土地や環境に有った技術を有効利用することです。発展途上国に最新技術を導入することは必ずしも有効ではありません。仏教経済学者として有名なシューマッハーが彼の著書『スモールイズビューティフル』において，中間技術という表現で最初に提唱したのが現在の適正技術です。①昔からある確立された技術の利用であること，②製造，操作，修理が簡単であること，③地元資源を使った技術であること，④安価であることなどが，適正技術の要件となります。アメリカの社会学者のデイビッド・ディクソンの『オルタナティブ・テクノロジー』によれば，発展途上国に先進技術を考えなく持ち込むことは，かえって悪影響を及ぼすと警鐘を鳴らしています。

　適正技術は，まずは原材料選びに関連します。現地で安価に調達できる原料が大切です。スリランカの発電事例では，木質バイオマスをガス化させ，それを燃料にディーゼルエンジンで発電します。木質バイオマスのガス化は100年以上歴史がある技術です。日本でも1920年代から40年代にかけて木炭自動車として街を走っていた技術です。また，原料は，グリリシディアという成長が早く，子どもや老人でも伐採が容易な木を使っています。しかも，食料を作る畑に食料になる植物の生育を妨げることなく一緒に植えることができ，

バイオ燃料を使用する場合の食料問題も解決しています。

　ナイジェリアでは，地元にある粘土を使った伝統的な陶器技術を利用して，野菜など食べ物を低温保存することに成功しています。焼き物には陶器と磁器がありますが，陶器は磁器に比べて低温で焼成されるので焼きが甘く，水を入れても一部は陶器を通して蒸発してしまいます。それを逆に取り，器を2重にして外側の器の水が蒸発する気化熱によって内側の器の温度を下げ，食べ物をより長期に保存させることができました。この結果，食べ物を早期に販売する必要がなくなり収入を増やすことが可能となりました。また，腐敗による食中毒といった病気の減少につながっています。また，ナイジェリアのこの地域における野菜売りは主に女子児童の仕事であったので，野菜の長期保存とともに野菜を売り歩かなければならないという児童労働も軽減することができました。ナイジェリアのこの陶器製造技術は，古代からその土地で受け継がれた技術を応用したものです。

　ジンバブエでは　地元に自生する根が深い植物を一定の枠に植えることによって土を固定し，土が持つ保水効果によって水不足を解消した例があります。

　筆者はフィリピンの無電化村において，バイオ燃料を原料に単純な装置で発電するプロジェクトを手がけたことがあります。そこは，過去，ハイテクの太陽光発電を導入しましたが，修理をすることができず，結果としてこわれたままその残骸が放置されていました。まさに，最新技術を導入して失敗した地域でした。適正技術の大きなポイントは，導入時に加えて，維持，管理費用の安価さにあります。スリランカの例でもナイジェリアの例でも，原料費はないに等しく，また，設備装置も安いので，これらに関する資金負担の金融機能を代替していることになります。

【コミュニティーの活性化】

　次に「コミュニティーの活性化」があります。日本の農村部の共同作業である「結い」と同じような考え方です。スリランカの発電の例ですと，原料作りは村人が定期的に行っています。もともと1家族の1人が月1回半日の作業だけの義務ですが，何らかの都合で共同作業に参加できない場合は，村の他

の共同作業で代替することが可能です。また，他の成功例においても，ビジネスを維持するために地元のコミュニティーからの労働力を上手に利用しています。共同作業によって人件費は抑えられ，またコミュニティー内の信頼関係も高まります。また，スリランカの例ですと，原料と並んで人件費も発生しないので，できあがった電気は安価な電気となっています。無償の労働提供が金融機能を代替しています。地元コミュニティーの参加は，前に述べたソーシャル・キャピタルの強化にほかなりません。BOPビジネスにおいてもソーシャル・キャピタルは重要であり，人件費の代替ばかりでなく，様々な形で金融機能を代替することになります。

　ここで重要なことは，BOPビジネスの成功のために重要な「コミュニティーの活性化」をいかに実現し継続するかということです。どんな共同作業であっても，全員が一生懸命働いているのは珍しく，たいがい1人や2人サボっている人はいるものです。これをフリーライダーと呼びます。このフリーライダーを減らして地元の協力を取り付けることがBOPビジネスでは重要です。BOPの人々の大半は，我々のような規律に縛られた組織にいるわけではありませんし，労働の多くは無償または低賃金で提供される必要があります。1つはプロジェクトの意思決定プロセスに最初から参加してもらうことです。初期の段階から自分事にしてもらいます。一方で，コミュニティー内の相互監視は必要です。

【リーダーの橋渡し】

　次に「リーダーの橋渡し」が重要です。ビジネスを行うときにリーダーが重要なのは，先進国でも同じです。BOPビジネスでも強いリーダーシップが求められますが，主役は地元コミュニティーです。高圧的な指示命令では長続きがしません。ここで大切なことは「橋渡し」です。BOPビジネスのリーダーの多くは，地元のエリートであり，欧米先進国で学位を取り，ビジネスを学んでいます。だから近代的なビジネスには精通しています。しかし，ビジネス的な発想は先進国のものであっても，そもそも論でBOPの人たちにはビジネスの感覚がありません。そのギャップを埋める役割が重要となります。ノーベル賞を受賞したユヌスが貢献したことは，単にマイクロファイナンス

を普及させたことではなく，今までビジネスに無縁だった人々をビジネスに導く橋渡しをしたことにあります。同じことがBOPビジネスに成功したリーダーに言えます。先ほど，BOPビジネスには経営資源が圧倒的に不足していると書きましたが，まさにその制限された状況と地元にある資源や強みを組み合わせることもリーダーの役目で成功をもたらしています。適切なリーダーは総合的にビジネスを成功させることによって金融機能を代替していることになります。

【高い効用・社会貢献】

　コミュニティーの活性化を継続させる上で，何よりも重要なことは，コミュニティーの人自らが参加したことによって，自分ばかりでなく自分が大切にする人が恩恵をこうむることです。人は自分のために働くよりも愛する人のために働く方が生きがいを感じることがあるかもしれません。このように自分が何かに貢献していることを感じると，人は満足を持って働き続けるようになることを，**ウォームグロー効果**と言います。現在では世界中の電波網が発達し，電気がない地域でも携帯電話は使えます。スリランカの例であれば，電気を作ることによって携帯電話が使えるようになると，いわゆるジャンプ効果によって一気に生活の質が向上します。また，私が調査したスリランカの村では，街から先生を呼び夜の照明を使って子どもたちに教育を行っていました。ナイジェリアの陶器の例も食べ物という人間にとってなくてはならないものに貢献していますし，大事な子どもたちを労働から解放します。ジンバブエの水も人間にとってはなくてはならないものです。このようなビジネスは人々に社会貢献と高い満足感をもたらします。経済学的には，それを効用と言いますが「高い効用・社会貢献」が成功要因となっています。

【環境配慮】

　最後に「環境配慮」があります。自然を破壊することなく自然と共生するビジネスモデルです。スリランカの事例研究の時に発電事業にたずさわる人々にインタビューをしましたが，発電事業を行うに当たって，発電効率は化石燃料よりも低いものの，自然エネルギーを使うことに大きなプライドを

図表5-9　BOPビジネスの成功要因

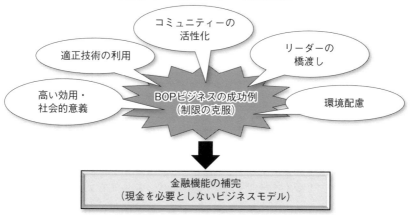

持っていました。エクアドル，ケニアでは伝統的な農法の改良，ブラジルでは自然鉱物（ゼオライト）を使った土地の改良，パキスタンでは遺伝子組み換えでない種子の選別など，農薬や肥料を大量に使う近代的なやり方ではなく，安全や環境に配慮して農業生産量をあげている成功例があります。メキシコでは古タイヤを再利用して農業用のポットを作り，その収穫によってリサイクルと食料供給を同時に行っている例があります。

　このようにBOPビジネスの成功要因には「高い効用・社会貢献」「環境配慮」があります。成功するために，ビジネスにおいて「高い効用・社会貢献」「環境配慮」が当たり前であるのであれば，第2章で述べたESG投資や環境配慮型投融資は自然とその機能を果たすことになります（図表5-9）。　筆者はBOPビジネスの成功要因を考えることは，現代企業のこれからの成功要因を考えることに通じていると思っています。

【日本の伝統的な価値観との共通項】

　東北大学名誉教授の石田秀輝と東京都市大学教授の古川柳蔵は，「90歳ヒアリング」を行っています。日本ではかつては制限が厳しい中でも心豊かに生活していました。低環境負荷でも持続可能な暮らし方を探し，それを未来へつなげるヒントとする試みとして，2008年から90歳前後の老人約600人に対

してヒアリングを行ったものです。彼らの著書『バックキャスト思考』によると，ヒアリングの結果，44の生活原理が得られました。これをさらに分類すると，次のようになっています。①自然とのかかわり（自然を畏敬し，活かし，活かされることを楽しむ），②暮らしの形（制約を受け入れ，厳しさもポジティブな楽しみに変える），③人とのかかわり（コミュニティーでモノや労働をシェアする），④仕事の形（実践的な知恵を育て，伝える），⑤生と死のかかわり（生も死も自然の営みで受け入れる）です。BOPビジネスの成功要因には，さすがにヒアリング結果⑤の死生観までは含まれませんが，他の4点については，言葉の表現は違っていても内容的には共通するものとなっています。例えば，自然とのかかわりは，BOPの成功要因でいう「環境配慮」「適正技術の利用」に，人とのかかわりは，同じく「コミュニティーの活性化」「リーダーの橋渡し」に関連します。仕事の形はBOPビジネスの全体像にかかわります。BOPというと遠い世界のようですが，そこでのビジネスの成功要因の価値観は，日本人が伝統的に持っていた価値観とも類似しています。

5-5　金融機能を補完する社会のあり方（まとめ）

　最初に述べた通り，金融機能の発達は人々に大きな恩恵をもたらしました。しかし，お金そのものが両刃の剣であるように，この高度に発達した金融機能が人々を苦しめていることも事実です。その意味で，本章では金融機能を補完する社会のあり方を考えてきました。金融機能の最終目的は人々の幸福にあります。ところが，この幸福は人にとって最も重要な課題ですが，それゆえに，多様であり，かつ主観的でした。これは社会を維持するためには必要なことだと思います。すでに述べた相場の話に近いのですが，様々な幸福感を抱えた人が共存する社会はそれ自体が安定します。逆の言い方をすれば，人々の不満がたまり革命が起きることは歴史が証明しています。ここで言えることは，幸福が多様である以上，それを目標とする社会システムも多様で

ある必要があるということです。金融機能も社会システムの一部であるので，やはり多様な金融機能があって良いということにもなります。これには金融機能を補完する他の機能が存在することも含みます。本章では過去の考え方や，BOPビジネスの成功要因に見たように先進国から見たら発展途上にある国の人々の考え方を見てきました。しかし，温故知新という言葉があるように，これらの考え方に多様な社会システムや多様な金融機能とその補完機能のヒントがありました。

　石器・縄文時代の考え方は，現代における金融の大原則を否定するものでした。これを，お金がないから当たり前だとか，原始的な考え方だとか言って切り捨てることはおかしいことだと思います。例えば，我々はコンピューターがある社会に生きています。どこのオフィスでも従業員はコンピューターとにらめっこをしています。だから現代ではコンピューターを使いこなすことが大切です。コンピューターを効率よく使いこなすが人が有能であり，またそれによって利益を得た人が勝ち組と考えます。日本のプロ野球の球団オーナーは時代をあらわすとよく言われています。現在では12球団のうち3球団においてIT産業がオーナーとなっています。これは数十年前には考えられないことでした。世界的にはGAFA（グーグル（Google），アップル（Apple），フェイスブック（Facebook），アマゾン（Amazon））と呼ばれる4大IT企業が世界を席巻しています。しかし，人類がコンピューターを実用的に使い始めたのはこの50年に過ぎません。コンピューターがない時代の人々は，自分の記憶力を高め，自分の手を使って記録を取り，分析を行いました。計算も暗算またはそろばんなどの簡単な道具で行っていました。作業効率は劣るかもしれませんが，コンピューターがない時代に生きた人の方が，コンピューターがある現代の我々よりもたくましく，人間本来の能力も訓練されています。同じことがお金にも言えるはずです。お金は確かに極めて便利な機能です。コンピューターが世界を席巻したよりも長くお金は人類を席巻しています。しかし，コンピューターと同じように，お金がなかったときの人の方が，お金がある時代の人よりもたくましく生きていたと考えられるのではないでしょうか。ではその知恵をどのように現代的な金融に活かすのか？　残念ながら筆者はすぐに答えを出せるわけではありませんが，やはり，石器・縄文

図表5-10　金融機能を補完する社会のあり方

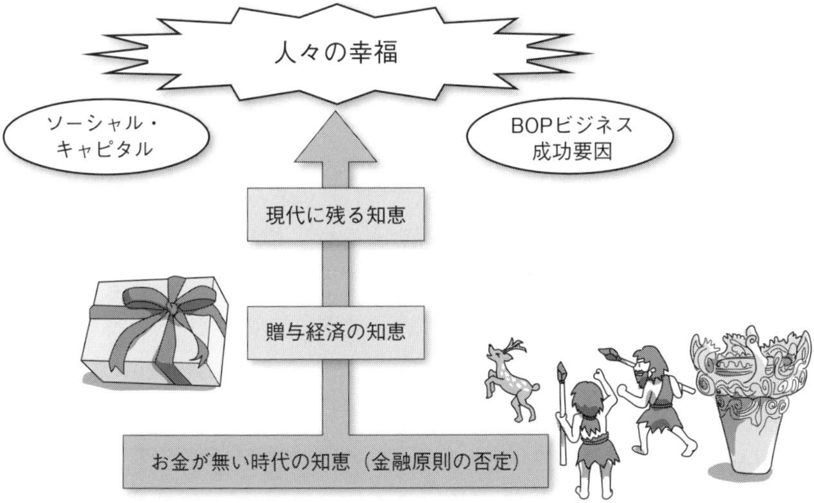

時代の人々の考え方に大いに学ぶべきことがあると思っています。

　その後の贈与経済にも大いに学ぶべきことがあります。前述の石器・縄文時代の人々も当然贈与経済と同じ考え方であったと思われます。お金が使われるようになっても，相変わらず，人は生きることのベースは贈与にあるという認識がありました。お金が発達した現代に生きる我々が，お金を使って交換することをベースにモノを考えることとは異なっています。贈与を生きていくことへの恵と考えるのであれば，自然をはじめすべてに対する感謝につながります。また，人として無償の提供を喜びと感じることにもつながります。日本にも頼母子講をはじめ様々な形で贈与経済の状況下での歴史的な知恵がありました。

　BOPビジネスの成功要因を考えると，石器・縄文時代と贈与経済の一連の流れを引き継いでいることがわかります。BOPビジネスという，制約された条件でビジネスを成功させるかということは，あくまで我々先進国の視点であって，本当は，古来持っている知恵をいかに近代的な意味でのビジネスに適応させるかの工夫だったのかもしれません。それが，数十年前の日本の生活の知恵にも通ずるものがありました。これらには今後の未来社会を考える

ヒントがあると思っています。

　本章では最初に取り上げましたが，ソーシャル・キャピタルはこれら歴史的な背景を踏まえた現代に生きる知恵の形であったと言えます。ソーシャル・キャピタルの強化が金融機能を補完することはすでに述べました（図表5-10）。

　本書は金融機能を考える本です。ただ，金融機能と言っても人々の営みの一部分に過ぎません。その背景には人々の日々の暮らしがあります。これから持続可能な社会の実現には様々な社会変革や技術革新が必要です。しかし，最も重要なことは，人々の価値観を変え，人々のライフスタイルを変えることにあると思います。省エネのように，環境問題では環境負荷を下げながら人々の効用を得ることが議論されています。この発達しすぎた金融機能が人々の幸福を阻害している部分があるならば，それはお金も一緒と考えます。お金を使って喜びを得る代わりに，お金を使わないで喜びを得ることは，立派な金融機能の代替になります。お金を使ってプロを雇うより，たとえ仕事は完璧でなくても自分たちで協力して目標を達成する方に価値を見いだすこともあるでしょう。繰り返しになりますが，過去の人々の考え方を学び，それを我々のこれからの未来に活かすことが重要と考えます。

●この章の重要ポイント

1. 金融機能の最終目的は人々の幸福にあります。そして，幸福が人々にとって極めて重要なことには間違いありません。しかし，古来，様々な哲学者，宗教者，思想家が幸福について述べていますが，実に多様です。また，社会指標としても様々な試みがなされています。

　　皆さんなりに自分の幸福を考えて見てください。

2. 人々は本来，地域コミュニティーが幸せに暮らす知恵を持っていました。それに着目したのが「ソーシャル・キャピタル」です。目には見えず，また市場で評価されない関係性が価値を生み出して，社会に好影響を及ぼしていることです。「信頼」「規範」「ネットワーク」がソーシャル・キャピ

タルの3要素です。

3．ソーシャル・キャピタルは「経済活動」「社会の安定」「教育水準」に好影響を及ぼすことがわかっており，これらは社会リスクを低減させ社会費用も減らすことから，それを維持するための金融機能を代替する役割があります。しかし，負の側面も持っています。

　人や社会と良好な関係を持つことによってお金がいらなくなる事例を考えてみると面白いと思います。

4．我々は持続可能な社会を目指していますが，過去，お金（金融機能）がなかった，石器・縄文時代は持続可能な社会を実現していました。現代の金融機能の発達が持続可能な社会を阻害している部分があると考えます。また，石器・縄文時代は決して不幸な時代ではなく，別な価値観で人々は幸せを享受していました。

5．現代に残る石器・縄文時代の考え方を，現代の金融の原則にあてはめてみると，我々が常識と思っていることが，ことごとく否定された考え方となっています。すなわち，持続可能な社会のために温故知新を試みるならば我々の金融の常識を疑ってみることが大切だと考えます。

6．人類は長い間「贈与経済」がベースであり，その考え方に基づいた社会システムが現代の金融機能を代替していました。また，日本の農村部においても「頼母子講」「結」といった，共同体のシステムが金融機能を代替していました。

　日本にはたくさんのお祭りがあります。これはお金に換えられない価値があります。仮に祭り全部をお金で賄おうとするとどんなことにお金を払わなければいけないでしょうか。それを考えてみると，祭りという共同体のシステムが金融機能を代替しているかわかると思います。

7．発展途上国では，金融機能が制限されています。これを克服する形で「BOPビジネス」が行われています。その成功要因には「適正技術の利用」「コミュニティーの活性化」「リーダーの橋渡し」「高い効用・社会貢献」「環

境配慮」があります。これらは金融機能を補完する効果があります。また，かつての日本にも同じような考え方がありました。

　昔の日本のライフスタイルを想像して現代社会で新鮮に使えるものがないか考えると面白いと思います。

参考文献

天野祐吉『成長から成熟』（集英社新書，2013年）

アラン／齋藤慎子訳『アランの幸福論』（ディスカヴァー・トエンティワン，2007年）

アリストテレス／高田三郎訳『ニコマコス倫理学（上・下）』（岩波文庫，1971年）

アリヤラトネ／山下邦明・林千根・長井治訳『東洋の叫び声』（はる書房，1990年）

家入一真『なめらかなお金がめぐる社会。』（ディスカヴァー・トエンティワン，2017年）

石田秀輝『光り輝く未来が，沖永良部島にあった！』（ワニブックス「PLUS」新書，2015年）

石田秀輝・古川柳蔵『キミが大人になる頃に。』（日刊工業新聞社，2010年）

石田秀輝・古川柳蔵『バックキャスト思考』（ワニ・プラス，2018年）

稲葉陽二『ソーシャル・キャピタル』（生産性出版，2007年）

稲葉陽二『ソーシャル・キャピタル入門』（中公新書，2011年）

今村仁司『交易する人間』（講談社学術文庫，2016年）

宇沢弘文『社会的共通資本』（岩波新書，2000年）

内山節『新・幸福論』（新潮選書，2013年）

大橋照枝『幸せの尺度』（麗澤大学出版会，2011年）

大橋照枝『「満足社会」をデザインする第3のモノサシ』（ダイヤモンド社，2005年）

小川さやか『「その日暮らし」の人類学』（光文社新書，2016年）

管正広『マイクロファイナンスのすすめ』（東洋経済，2008年）

九鬼周造『「いき」の構造』（岩波文庫，1979年）

国連開発計画（UNDP）／吉田秀美訳『世界とつながるビジネス』（英治出版，2010年）

小林達雄『縄文の思想』（ちくま新書，2008年）

齋藤利也・小原美千代『幸福王国ブータンの知恵』（光文社知恵の森文庫，2012年）

桜井英治『贈与の歴史学』（中公新書，2011年）

桜井徳太郎『講集団成立過程の研究』（吉川弘文館，1962年）

サーリンズ／山内昶訳『石器時代の経済学』（法政大学出版局，1984年）

シューマッハー／小島慶三・酒井懋訳『スモールイズビューティフル』（講談社学術文庫，1986年）

E.F., Schumacher, *Small Is Beautiful,* Harper Perennial, 1989.

シューマッハー／酒井懋訳『スモールイズビューティフル再論』（講談社学術文庫，2000

　　年）

戸井佳奈子『ソーシャル・キャピタルと金融変革』（日本評論社，2006年）

新村秀夫『幸福ということ』（NHKブックス，1998年）

瀬川拓郎『縄文の思想』（講談社現代新書，2017年）

竹内利美『村落社会と共同慣行』（名著出版，1990年）

橘木俊詔『新しい幸福論』（岩波新書，2016年）

タック川本『アマゾンインディオの教え』（すばる舎，2004年）

チェンバース／穂積智夫・甲斐田万智子訳『第三世界の農村開発』（明石書店，1995年）

堂目卓生『アダム・スミス』（中公新書，2008年）

鳥越皓之『家と村の社会学』（世界思想社，1985年）

長谷川宏『幸福とは何か』（中公文庫，2018年）

パットナム／柴内康文訳『孤独なボウリング』（柏書房，2006年）

Putnam, *Bowling Alone*, Simon & Schuster Paperbacks, 2000.

パットナム／猪口孝訳『流動化する民主主義』（ミネルヴァ書房，2013年）

ハート『未来をつくる資本主義』（英治出版，2008年）

S.L., Hart, *Capitalism at the Crossroads*, Wharton School Publishing, 2007.

速水佑次郎『開発経済学』（創文社，1995年）

ヒルティ／秋山英夫『幸福論』（角川ソフィア文庫，2017年）

福原昭『近世農村金融の構造』（雄山閣，1975年）

藤原和博『おかねとしあわせ』（ちくま文庫，2018年）

プラハラード／スカイライトコンサルティング訳『ネクスト・マーケット』（英治出版，2005
　　年）

ブルチャック／中沢新一・石田雄午訳『それでもあなたの道を行け』（めるくまーる，1998
　　年）

ヘッセ／高橋健二訳『幸福論』（新潮文庫，1977年）

真壁昭夫『下流にならない生き方』（講談社α新書，2007年）

Manzini & Jégou, *Sustainable Everyday*, Edizioni Ambiente, 2003.

水野和夫『資本主義の終焉と歴史の危機』（集英社新書，2014年）

モース／吉田禎・江川純一訳『贈与論』（ちくま学芸文庫，2009年）

藻谷浩介『里山資本主義』（角川ONEテーマ21，2013年）

柳田国男『都市と農村』（岩波文庫，2017年）

ユヌス／猪熊弘子訳『貧困のない世界を創る』（早川書房，2008年）

ラッセル／堀秀彦訳『幸福論』（角川ソフィア文庫，2014年）

若桑みどり『カール・ポランニーの経済学入門』（平凡社新書，2015年）

索　引

欧文

BOP 204
BOPビジネス 83, 204
CSR 59
CSV経営 82
ESG 62
ESG投資 70, 117
GDP 52
IPCC 9
JOBS法 128
M-PESA 152
NPO 94
NPO法 105
PBR 77
PRI 72
ROE（株主資本利益率） 76
ROSCA 202
SDGs（Sustainable Development Goals） 31, 172
SRI 70

あ

アジェンダ21 5
アセット・オーナー 69
暗号通貨／仮想通貨 157
アンバンドリング 148

い

意思 111
異時点間の交換 112
インクルーシブ・ビジネス 83
インパクト 133
インベストメント・チェーン 69

う

ウォームグロー効果 209

え

エクエーター原則 89
エコロジカル・フットプリント 12
エンゲージメント 74
エンパワーメント 113

お

応益負担 106
応能負担 106

か

介護保険制度 105
会社のライフサイクル 68
外部不経済 14
外部不経済の内部化 15
貸金業法に基づく登録 147
貸金業の登録 127
貸出与信 147
価値尺度 158
価値貯蔵 157
株 41
株価純資産倍率 77
株主 42
株主資本利益率 76
貨幣 157
為替手形 145
環境問題 3
間接金融 41, 131
完全合理性 108

き

機関投資家 69
企業との対話 74
企業の社会的責任 59
企業の社会的責任（CSR） 105
気候変動 4
気候変動に関する政府間パネル 9
キャッシュレス化 122

京都議定書 ……………………………… 6
共有地の悲劇 …………………………… 109
銀行業の免許 …………………………… 146
銀行法 …………………………………… 146
金銭消費貸借契約 ……………………… 112
金融 ……………………………………… 41
金融機関 ………………………………… 41
金融機能 ………………………………… 41
金融ジェロントロジー ………………… 170
金融商品取引法 ………………………… 130
金融商品取引法に基づく免許 ………… 147
金融デジタライゼーション（金融のデジタル
　化） …………………………………… 144
金融排除 ………………………………… 168

く

クラウドファンディング ……………… 119

け

経済的責任 ……………………………… 61
現金書留 ………………………………… 146

こ

交換 ……………………………………… 107
合計特殊出生率 ………………………… 27
合成の誤謬 ……………………………… 108
購買力平価 ……………………………… 17
コーポレート・ガバナンス（企業統治）… 63
コーポレートガバナンス・コード …… 75
国内総生産 ……………………………… 52
互酬 ……………………………………… 106
子どもの貧困 …………………………… 30
コミュニティー開発金融機関 ………… 117
コミュニティー投資 …………………… 117
コモンズの悲劇 ………………………… 184

さ

債券 ……………………………………… 42
再配分 …………………………………… 106
サステナブル投資 ……………………… 78

し

資金移動業の免許 ……………………… 146

資金決済に関する法律 ………………… 146
市場経済 ………………………………… 199
市場の失敗 ……………………………… 109
持続可能性（Sustainability）…………… 3
持続可能な開発（Sustainable Development）… 3
持続可能な開発目標（Sustainable Development
　Goals, SDGs）……………………… 31, 172
持続可能な社会の実現 ………………… 3
持続可能な保険原則 …………………… 73
児童労働 ………………………………… 19
ジニ係数 ………………………………… 182
社会・環境配慮責任 …………………… 62
社会貢献型債券 ………………………… 85
社会的企業 ……………………………… 105
社会的企業家（ソーシャルアントレプレナー）… 8
社会的責任投資 ………………… 70, 117
出資・投資 ……………………………… 126
少子高齢化 ……………………………… 27
情報開示責任 …………………………… 61
情報の非対称性 ………………………… 108
消滅可能性都市 ………………………… 166

す

ステークホルダー ……………………… 59

せ

生物多様性 ……………………………… 11
政府の失敗 ……………………………… 108
赤道原則 ………………………………… 89
責任銀行原則 …………………………… 74
責任投資原則 …………………………… 72
絶対的貧困 ……………………………… 16
善良な代理人の義務 …………………… 133

そ

送金・決済 ……………………………… 144
相対的貧困 ……………………………… 16
贈与経済 ………………………………… 199
ソーシャルインパクト・ボンド ……… 86, 139
ソーシャル・キャピタル ……………… 183
ソーシャルビジネス …………………… 105

ソフトコントロール……………… 185
た
ダイベストメント……………… 35, 71
頼母子講（無尽講）……………… 201
ち
小さな政府……………………… 103
地球温暖化………………………… 4
直接金融………………… 41, 131
貯蓄・運用……………………… 146
つ
通貨……………………………… 157
て
ディスインベストメント…… 35, 71
ディスクロージャー…………… 61
適正技術………………………… 206
電子通貨………………………… 150
電子通貨（電子マネー）……… 121
と
投資家保護……………………… 130
統治責任…………………………… 63
特定非営利活動促進法………… 105
特定非営利活動法人…………… 94
匿名組合契約…………………… 127
トリプル・ボトム・ライン…… 71
な
南北問題………………………… 153
に
21世紀金融行動原則…………… 91
日本版スチュワードシップ・コード…… 74
ね
ネガティブ・スクリーニング… 71
の
能力……………………………… 111
ノブレス・オブリージュ（Noblesse Oblige）… 64
は
バーチャルウォーター………… 16
ハードコントロール…………… 185
排出権取引………………………… 6

パリ協定…………………………… 6
ひ
貧困家庭………………………… 30
貧困線（貧困ライン）………… 30
貧困問題………………………… 16
ふ
フィンテック…………… 119, 144
福祉の社会化…………………… 104
文化資本………………………… 187
分散型元帳……………………… 160
ほ
法的責任………………………… 60
保険……………………………… 147
保険業の免許…………………… 147
保険業法………………………… 147
ポジティブ・スクリーニング… 71
ボランティア元年……………… 104
ボランティア／フィランスロピーの失敗… 109
ま
マイクロインシュアランス…… 156
マネーロンダリング…………… 163
マイクロクレジット…………… 114
も
モバイル決済サービス………… 149
ゆ
結（ユイ）……………………… 203
有価証券………………………… 41
有価証券報告書………………… 132
融資……………………… 41, 126
り
リスク・マネジメント…… 64, 185
利他動機………………………… 115
リバンドリング………………… 148
流通手段………………………… 157

■著者略歴

岩坂健志（いわさか たけし）

1957年生まれ。上智大学卒，東北大学大学院，東京工業大学大学院修了。博士（学術）。興亜火災海上保険株式会社（現損害保険ジャパン株式会社）入社，営業，財務部門，ニューヨーク駐在，ロンドン駐在，経営企画などを歴任。その後ベンチャー企業に転職。現在は株式会社未来思考代表取締役，新潟食料農業大学教授。主な著書は，『現代金融サービス入門』（共著，白桃書房），『NPOのリスクマネジメント』（共著，白桃書房）ほか。

唐木宏一（からき こういち）

1963年生まれ。早稲田大学卒，一橋大学大学院修了。博士（商学）。株式会社三井銀行（現株式会社三井住友銀行）入社，東京，大阪地区の営業店（支店）6カ店で主に融資渉外業務に従事ののち，大学院修士課程入学。修了後は社会的金融研究所を創設し論稿の発表に取り組むほか，社会的事業，起業家の支援に従事。現在は事業創造大学院大学教授。主な著書は，『ソーシャル・アントレプレナーシップ』（共著，NTT出版），『SRIと新しい企業・金融』（共著，東洋経済新報社）ほか。

■ 金融機能による社会的課題の解決
 ―人を幸せにするお金のあり方―

■ 発行日──2020年8月6日　初版発行　　　　　　　　　　〈検印省略〉

■ 著　者──岩坂健志・唐木宏一

■ 発行者──大矢栄一郎

■ 発行所──株式会社　白桃書房

〒101-0021　東京都千代田区外神田5-1-15
☎03-3836-4781　🅕03-3836-9370　振替00100-4-20192
http://www.hakutou.co.jp/

■ 印刷・製本──藤原印刷

©Takeshi Iwasaka, Kouichi Karaki, 2020 Printed in Japan　ISBN 978-4-561-95307-4 C3033